A la merci

le 3 octobre 2016,

5

*premier rendez-vous
en cancérologie*

Chapitre 1

Effet d'annonce

Debout, j'enseigne ; assis, je pianote ; allongé, j'écris.

Dès qu'on essaie de résister au mal, on fait de la philosophie.

Il n'est au monde qu'une seule maladie : la peur de soi-même.

Peut-on vraiment guérir d'une maladie sans avoir préalablement combattu à l'intérieur de soi ?

La seule leçon d'une thérapie : rentrer en soi-même, nulle part ailleurs.

N'étant pas en ton pouvoir, la maladie sème passion et récolte compassion.

Ne sacrifie pas la clarté à la nuance mais recherche la clarté de la nuance.

Ne te laisse pas percer par la flèche du mal, domine-le
par la résistance du vrai.

Il n'y a pas de pire mal qu'un mal issu de deux séries
causales indépendantes.

Reconnaître la personne malade conduit à la respecter
notamment dans sa capacité à faire des choix.

Par qui ne sonne prudence, maladie arrive.

Il est difficile de placer le curseur entre proposition et
cohérence, valeurs du soin et choix du patient.

Si l'on m'annonçait une fin soudaine pour demain, entre
autres, j'écouterais une fugue de Bach.

Guérir, c'est rapporter l'inconnu au connu.

Le malade sent ce que le médecin sait.

Si le malade ne contemple l'ordre du corps, l'esprit ne
peut le guérir.

Parler ne fait pas guérir.

Le malade ne s'afflige pas que les hommes sont en bonne santé ; il s'afflige de ce qu'ils l'oublient.

La thérapie, pour être efficace, exige de l'exigence.

La guérison n'occupe pas le bout de la route, elle est la route même.

Même si tu n'atteins pas la guérison, elle te sert de lanterne.

On ne fait rien de grand sans la confiance.

Tout se présente comme vain, sauf la santé.

Le rétablissement n'arrive qu'aux esprits préparés.

Se considérer désolé, c'est déjà être battu.

Les apparences trompent déjà avant le traitement médical.

On ne doit pas juger un médecin d'après soi.

La thérapie ne reste qu'un moyen, non une fin.

Qui a le droit de qualifier de frileuse l'attitude des autres ?

Compatir, consiste d'abord à comprendre.
L'imagerie médicale tient de la science fiction.

"Quand vais-je savoir l'issue?" Dis plutôt : "Quand vais-je agir à partir de ce que je sais de l'issue ?"

La maladie représente d'abord un corps à corps avec la destinée.

L'espoir du malade absorbe sa raison de vivre et/ou de mourir.

Que le malade se réjouisse de la santé des autres.

La guérison ne s'obtient que par la raison : elle seule élève et simplifie.

La pulsion scopique se reflète aujourd'hui sur le plateau médico-technique.

Rien ne peut être fait tant que le malade, dans son particulier, ne se transforme.

La contemplation de l'ordre des choses, comme une plante, appelle les soins de la culture la plus prévenante.

Acquiers la connaissance de toi-même, et tu guériras.

Le cancéreux s'apparente au somnambule au regard profond.

Le regard du cancéreux mute en adieu chronique.

Côté malade, les regards ont quelque chose de faux.

La guérison est indissociable du regard des autres.

Un clin d'oeil peut guérir.

Compatir multiplie le regard.

La compassion : un regard kaléidoscopique.

La réalité pour repère, la résistance pour principe, la rémission pour but.

Le frivole devient insupportable au malade.

Le traitement médicamenteux dépend davantage des besoins que des impressions.

Une médecine soucieuse de rejoindre le malade surmonte ses représentations.

Lorsque l'apparence stratégique meurt, l'alliance thérapeutique en hérite.

Raccommoder sa souffrance avec des pensées.

Toute douleur incomprise est une occasion perdue.

Ne laisse pas l'inquiétude t'envahir et d'infondées hypothèses faire vaciller et rougeoyer ta flamme.

Qui veut la bonne guérison aille au bon médecin.

S'épuiser au travail sans se soigner est risqué ; se soigner sans consulter est dangereux.

Mieux vaut prendre le cancer à temps, avant qu'il ne nous prenne du temps.

On ne peut compatir sans être compréhensif.

L'impossible se produit lorsqu'est fait le possible.

Devant la force des choses, la maladie fait la part de choses.

Naguère, ce n'est pas le médecin considéré sociologiquement comme un démiurge qui guérissait le corps-objet, mais la nature ou la divinité.

Qui a l'intelligence, qu'il ait aussi le cœur.

Commencer une thérapie représente déjà la moitié du chemin.

La nature parle aujourd'hui, et le malade de demain n'écoute pas.

Analyser l'aujourd'hui du symptôme et entrevoir de quel lendemain il est porteur.

Dans la maladie, c'est la tristesse qui rebute.

Le ressentiment : tentation de l'homme malade.

Qui perçoit finement conseille justement.

Si l'imagination joue un rôle dans la guérison, le soignant en ajuste les produits.

La véritable guérison commence quand la rémission est à portée de main.

L'anti-inflammatoire pour le corps, la louange pour l'âme.

Advienne ce que Dieu voudra.

La velléité est une maladie de la volonté.

L'angoisse n'évite les maux ni ne prolonge la vie.

Lorsqu'il n'y a plus rien à faire, il faut parler de soi à la troisième personne.

Le corps d'aujourd'hui atteste des symptômes d'hier, ceux d'aujourd'hui annoncent celui de demain.

La maladie s'allonge ou se raccourcit proportionnellement au pouvoir du mental sur elle.

La vie est brève, l'oracle fugitif.

Qui supporte stoïquement son mal réconforte ; qui rapporte inlassablement son mal le colporte.

Notre corps joue comme l'instrument de mesure de la santé.

Le malade fait vite le tour de la situation : il ne doit pourtant pas tourner en rond.

Les amitiés terrestres donnent un goût d'éternité.

Le patient construirait-il sa guérison s'il n'avait en lui sinon l'illusion, du moins une petite voix, de confiance en sa propre conservation, c'est-à-dire en l'ordre du monde ?

L'éthique s'inaugure dans l'étonnement.

La philosophie promet une vie plus éthérée.
La négligence est parfois signe d'une âme souveraine.

Il est plus difficile de guérir d'une maladie que de savoir comment on en guérit.

Le malade doit tout ensemble résister et philosopher.

Étonne-toi, afin d'être toujours hors portée du mal.

Réjouis-toi aussi longtemps que tu vis.

La différence sociale de l'accès au soin provient
uniquement de la phase pré-hospitalière.

Reprends la route qui va où Dieu t'attend.

Le cancérologue le plus attentif semble éloigné dans les
moments de crise.

Le cancéreux qui s'affaire prépare ses funérailles.

Le médecin choisi rassure peut-être davantage que le
médecin proposé par le hasard.

Prier au départ ne met pas en retard.

L'inquiétude ne cesse pas avec l'inquiétude ;
l'inquiétude se dissipe avec la philosophie.

Guérir est impossible pour qui n'a pas essayé.

L'esprit immunise aussi contre le mal.

Celui qui se réjouit de la santé des autres est bien près de retrouver la sienne.

Si tu veux guérir, consulte les circonstances et les occasions.

La rémission sonne le glas de la maladie qui arrive au terme de sa logique.

Sage dans la vie courante et sage dans la maladie ne perdent aucune occasion de gagner en sérénité.

Sois avec ceux qui te rendent visite comme s'ils ne devaient plus revenir.

Qui d'entre nous, malade, ne veut tirer son épingle du jeu « Qui perd gagne ».

Plus le malade se contrôle, plus il est libre.

La rémission est un résultat auquel il vaut la peine d'avoir contribué.

Le temps de la maladie est le même, qu'on le passe en louant ou en gémissant.

Santé de l'âme : c'est le but auquel aspire celui qui philosophe.

Il est naturel de s'attacher au radeau qui t'a fait traverser la maladie.

Il suffit d'une prière d'enfant pour que la grâce abonde.

La maladie s »affirme en processus quotidien qui, peu à peu, érode les idées reçues.

Il suffit d'écouter Bach pour entendre l'appel divin.

Le cancéreux se sent encore heureux dès lors qu'il s'est fixé pour lui-même ses limites.

Chaque acte d'attention à celui qui te visite est une œuvre de guérison.

La maladie construit calmement de nouvelles convictions.

Rassurer et, en assurant, s'assurer.

J'ai beau faire, je reste confiant.

La santé couvre le potentiel de faire ce que l'on veut ; la
maladie, le résidu de faire ce que l'on peut.

Dieu, l'Un, rejoint le malade unique dans sa singularité

Marqueur le plus pertinent de l'espérance de vie, de
l'accès aux soins, de la prévention, du handicap, du
seuil de pauvreté : la catégorie sociale.

La maladie achève son vol sur la piste de la vérité.

La philosophie est bienfaisante quand elle guérit.

Malade, tu n'es pas ce que tu es maintenant réduit à
faire.

Je ne m'attends pas à guérir ; si je pouvais seulement
trouver une rémission, j'exulterais

La santé est-elle prioritaire sur le bonheur ?

Le laisser aller : stigmate du laisser faire, complice du
laisser venir.

Au creuset de la maladie, une philosophie s'élabore.

La preuve qu'un patient va mieux : quand il peut supporter la plaisanterie.

L'intérêt de la vie, c'est d'insérer l'éternel dans le temporel.

Dans la maladie, il est trop tard pour combler ses vides.

Le laisser aller : mauvaise herbe.

La vie finit par nous rendre raisonnable, pas encore sage.

L'homme guéri, oublieux de l'aide apportée, va à sa perte.

Le signe est annonciateur à qui est capable de le lire comme signe.

Le médecin, soucieux d'adapter sa thérapeutique en fonction du malade, a le pouvoir d'infléchir d'autorité l'idée que le malade se fait de son état de santé.

Le savoir médical a besoin de repenser ses représentations et les paradigmes qui le font progresser.

Celui qui ne croit pas en Dieu est malheureux ; et malheureux se dit souvent le croyant.

Le consentement du patient reste la condition sine qua non du respect du principe d'autonomie.

Un propos normatif ne résorbe pas l'inquiétude et l'incompréhension menaçantes du malade

Le médecin trop vigilant risque d'être paternaliste.

La progression des savoirs et leur transmission en médecine épousent une démarche pédagogique.

L'alliance thérapeutique relève de l'art.

Seule une épistémologie peut finalement mettre à jour les avancées de la pratique médicale.

Si le traitement n'est pas congruent avec la représentation du malade lui-même, son efficacité s'en trouve réduite.

Au coeur même de l'acte soignant, la philosophie a quelque chose à dire.

La compassion, c'est la forme chrétienne de l'attention.

La représentation du malade repose souvent sur un conventionnalisme symbolique.

Le dessin anatomique révèle un mode de compréhension du monde.

Le déni fait le lit du refus de soin.
La représentation iconographique des corps et des organes relève de la minutie sensualiste d'une époque.

Quand l'imagerie fait apparaître la vérité anatomique, le savoir médical se transforme.

La connaissance comme outil de saisie du corps humain est un instrument dont il faut régler la précision.

L'incidence des représentations des causes des maladies dans la création des théories et dans l'évolution de la médecine expérimentale est bien réelle.

La maladie est reconfigurée en fonction des connaissances que la médecine rassemble à un moment donné de son histoire.

La médecine se donne nécessairement un système de représentation légitime.

La pulsion scopique conduit aux progrès de l'imagerie médicale, mais n'écarte pas tout obstacle épistémologique.

Autour de l'acte médical, le médecin et le malade restent victimes de leurs représentations.

L'annonce d'une maladie est un traumatisme. Sidéré psychiquement, le patient ne retient que le début et la fin de l'information.

Dans les étapes du deuil, le déni, la révolte et la dépression justifient-ils un refus de soin ?

Si l'on désigne par « rôle » du médecin ce que cet acteur devrait faire, on se borne à décrire les prescriptions formelles, les exigences normatives qu'associent à cette position les impératifs fonctionnels de l'exigence de soins : on ne fait aucune référence à son comportement réel, dans sa relation au malade.

Parfois l'inspiration vient au patient.

Dans la difficulté, la foi est le dernier recours de la raison ; la grâce, celui de la foi.

Si le pouvoir du médecin est relation et non pas attribut de l'acteur, l'autorité, comme pouvoir de faire prévaloir ses vues, relèverait alors de l'arbitraire.

En médecine, les plus radicales convictions sont mêlées de doute.

Le déni, mécanisme de défense, protège un instant le patient d'une réalité inadmissible.

Qui d'entre nous ne veut entretenir malgré tout l'espoir d'une guérison ?

Le refus de soin prend parfois la forme d'une prise de risques pour mettre sa vie à l'épreuve.

Pourquoi appeler le médecin si le fatum dans son universalité m'empêche d'agir ? De deux choses l'une, je vais mourir, pas besoin de médecin, je vais guérir, pas besoin de médecin.

Il est aisé de parer le corps, difficile d'embellir l'âme.

Il incombe au soigné de favoriser une démarche
relationnelle investie plutôt que de s'en remettre au
destin.

Chaque tentative d'explication repose sur une idée
spécifique de la causalité, nourrie par
les connaissances de l'époque.

La médecine, pratique répondant à l'exigence
universelle de soins, est une, historiquement, par le but
qu'elle poursuit, celui de l'attention au corps souffrant.

La louange est parfois faite de demandes enveloppées
de remerciements.

En cet instant, ce 6 octobre 2016, à 4heures du matin,
2683 jours, 18 heures, 5 minutes et 53 secondes me
séparent d'une opération décennale de l'aorte.

Entrer dans un programme de recherche suppose de
croire que la maladie des uns peut servir à la santé des
autres.

Je trouve d'une extrême importance que, dans la
maladie, un enseignant veuille continuer à apprendre.

Face au refus de soins du patient, le soignant est coincé entre non-assistance à personne en danger et respect de la liberté individuelle.

L'être vivant se pense dans la complémentarité de plusieurs idées.

Pas la plainte, seulement la louange.

Paradoxalement, le refus de soins est parfois une étape dans la gestion de la maladie : le temps du malade n'est pas celui du soignant.

Depuis Hippocrate, la variété des perspectives dans la pratique médicale présente un seul et même objectif fantasmatique de guérir.

Quand Rœntgen, avec les rayons X en 1895, cherche à représenter le corps-objet, Freud, avec l'Interprétation des rêves prend l'option d'écouter le corps-sujet.

Qui peut mesurer l'influence du rationalisme cartésien et son dualisme âme /corps sur la postérité ?

Comme la bosse dans le dos, le cancer prend par surprise : on ne le voit pas arriver.

Dans un siècle positiviste, Claude Bernard parle du milieu intérieur et laisse poindre sa vue ou sa tentation vitaliste. Qui a raison à son époque ? Claude Bernard pense que le processus chimique est la seule cause des maladies. L'anatomo-clinique voit la lésion comme cause unique de la maladie. Wirchow voit la cellule cause endogène à la maladie. Avec Pasteur, la cause de la maladie est unique et externe, c'est le microbe. Lévi Strauss appuie l'idée selon laquelle la relation entre le microbe et la maladie est une relation de symbole à chose symbolisée. Et aujourd'hui qui croire pour s'assurer de demain?

Même si la causalité génétique est très forte, la pure nature n'est jamais suffisante pour expliquer la maladie.

Tant va l'homme à l'église, qu'à la fin il s'agenouille.

L'acte matériel laisse une place grandissante à l'approche psychosomatique.

La guérison : une merveille fragile.

Le patient se comprend moins dans sa bipolarité âme-corps que dans son unité corps-sujet.

Il est impossible, en médecine, d'être en accord avec une seule conception de la causalité dans l'ignorance des différentes conceptions qui existent.

Faut-il repenser tout l'univers pour donner sens à ma pathologie ?

L'efficacité recherchée dans l'évolution de la médecine expérimentale présuppose et induit une vision de l'homme.

Poussés par une pulsion scopique, les progrès scientifiques autorisent une relation de plus en plus symétrique entre patient et malade.

Chaque culture est plus ou moins facteur causal de maladies.

La faiblesse de la médecine serait de ne croire qu'en la médecine ; pourtant, elle rend davantage compréhensible l'évènement naturel.

La maladie a longtemps trouvé son origine dans l'impureté, la punition divine ou le déséquilibre des humeurs.

L'application des principes d'autonomie (information du malade), de bienfaisance (respect du malade), et d'équité (couverture sociale du malade) se décline quotidiennement avec compétences.

L'amitié cause d'étonnants soulèvements géologiques en terres pathologiques.

La médecine, devenue scientifique et rationnelle, est, ipso facto, consciente du poids de l'humain.

Quelle que soit l'époque, la médecine garde comme continuité une exigence universelle de soins.

La santé de l'homme n'est plus seulement une absence de maladie, c'est une forme de bien-être.

Il n'est pas de douleur que la louange ne sache vaincre.

L'expérience de la douleur ne rend pas plus philosophe.

Equilibrer la complémentarité entre une médecine de laboratoire et une médecine qui prend soin de l'homme-malade est un défi.

La causalité, définie comme principe d'intelligibilité et/ou comme ce qui produit un effet, apporte, en médecine, des modèles théoriques et/ou des problèmes pratiques.

Dans la pratique médicale comme dans la recherche fondamentale, le patient a le droit d'apporter quelque lumière.

Le doute est le commencement de la médecine.

Lorsqu'elle n'était pas scientifique, la médecine semblait convaincre de son efficace causale; elle est maintenant puissante et doit sans cesse justifier sa légitimité.

Les amis exercent une influence structurante.

A choisir, le malade se contenterait de presque rien.

La prière irrigue soigneusement notre lopin de vie, et cette féconde humidité se répand bien au-delà de ses limites.

Pourquoi te plains-tu de la maladie ? Gémis plutôt sur tes propres excès.

On n'est jamais guéri, on se guérit soi-même.

L'idée de corps reste incomplète si l'on s'en tient au concept d'une matière inerte.

La médecine prend soin du corps-sujet malade pour lequel elle existe et elle travaille.

Louer Dieu, c'est le meilleur ouvrage.

Prescrire veut faire croire.

Le malade n'enveloppe pas seulement ce qu'il cache.

L'imagination se pose comme premier obstacle à surmonter.

L'explication unique trompe.

Le rôle du médecin apparaît comme le support nécessaire à l'application de son savoir médical.

Chapitre 2

Regards croisés

Dans les ténèbres, discerner ce que la Providence me veut, plutôt que l'incriminer de ce qu'elle m'en veut.

Le regard tourne au langage.

A l'aveugle, l'oreille sert de guide.

La salle d'attente évolue en lieu de rendez-vous fiévreux.

Quand tu traverses le pays des malades, ralentis le pas.

L'imagerie médicale ouvre l'œil sur le microscopique.

Microscope : instrument inventé par le microbe pour changer d'échelle.

Le malade chronique pose un regard plus familier que le médecin sur sa maladie.

Regard naïf vaut mieux que de travers.

Se guérir du modelage socioculturel (genre,
profession, âge, religion, stratification sociale, culture)
induit une autre perception de la maladie.

La bioéthique consiste à simuler d'ignorer ce que l'on
croit et de croire ce que l'on ignore.

Le radiologue voit ce que l'œil ne perçoit pas.

L'entourage voit les maux d'un autre œil.

L'intuition perçoit ce que l'œil ne voit pas.

Il ne faut pas de tout pour faire un monde: l'amour divin
et un peu de liberté suffisent.

La meilleure radioscopie retrouve le coup d'œil d'une
épouse.

Qui se découvre une maladie apprécie la valeur de ce
qui lui reste.

Si l'éclat de la guérison se perd, du moins s'en conserve
la lumière intérieure.

L'oreille ne transmet rien à l'insouciant.

Entre médecin et malade, entre spécialiste et profane,
le conflit résulte de la différence de perspectives,
empirico-rationnelle ou symbolique.

La beauté est à l'œil ce que la joie est à l'âme.

L'œil observe, l'esprit introspecte.

N'écris pas par lassitude de vivre.

La biopsie : une agression, une intrusion, une
indiscrétion pour la tumeur.

L'analyse d'un cliché de radiographie relève de la
philosophie du miroir.

La pomme de discorde tombe d'une relation
asymétrique entre le malade alité, faible, et son médecin
debout.

Dieu diffuse continuellement son omniscience dans sa
création.

Quand on ose la regarder en face, la tumeur rétrécit.

Le patient doit accepte de se pencher pour que la vérité apparaisse.

L'analyse de sang permet de regarder et de s'y regarder.

Du malade ou du médecin, qui regarde en avant, qui fixe le haut ?

Le médecin joue au contrôleur social de la maladie qu'il combat.

Je suis plus sûr de mon jugement que de ma vue, et de la parole de Dieu que de mon jugement.

Le philosophe essaie de voir aussi loin que possible

Le miroir renvoie un simulacre ou un masque, l'imagerie médicale restitue un visage ou une réalité.

Les organes nous regardent vivre.

Vaine est la tentation de faire demi-tour.

Le malade imagine ce qu'il n'a pas encore vu.

Voir de loin et se déplacer prudemment devient la conduite accompagnée du malade.

Pour entrevoir, il n'est que le regard du spécialiste.

Un bon coup d'œil ne vaut pas une mauvaise radiographie.

Le diagnostic tombé, il est temps de voir plus loin que l'ombre projetée.

Il est difficile pour le malade de voir juste, au médecin d'expliquer ce qu'il a vu.

La confiance conduit celui qui accepte et attire celui qui résiste.

Que Dieu me garde la santé de l'âme jusqu'à ce que je parvienne à la tombe.

Pourquoi vouloir trouver des réponses à tout ?

La charité raccourcit le chemin.

Dans le besoin, on reconnaît les amis.

Le médecin ne juge pas seulement par ce que le malade lui en dit, mais par ce qu'il en voit lui-même.

Il n'y a pas de malade plus seul que celui qui veut tenir à la force du poignet

L'objectif du médecin s'accompagne du chemin qui y mène, rôle social de droits et de devoirs (neutralité affective, spécificité fonctionnelle, service de l'intérêt général).

Dans la précipitation et l'inquiétude, on n'y voit goutte.

Révolté ou simplement inquiet, le patient est tenté par le nomadisme médical.

Les hommes ne sont ni entièrement malades, ni en pleine santé.

Au service des urgences, l'essentiel est de tenir compte de l 'urgence de l'essentiel.

Le manuel passe pour inutile au soignant expérimenté, c'est-à-dire qui a souffert lui-même du mal qu'il combat pour ses patients.

La notion de consentement éclairé figurait dans le code
déontologique avant qu'elle n'apparaisse dans la loi :
L'épistémologique précède le juridique… et
l'institutionnel.

Aime le bien, pardonne à la faute.

En chambre d'hôpital, le silence est profond, le mot
grave.

Comment la vulnérabilité est-elle traduite et intégrée
par les différents acteurs du champ sanitaire et social ?

L'interaction de sympathie, d'amitié et de la vie
communautaire n'est jamais sans manifestation visible.

L'inquiétude nous ébranle tant que nous la laissons
nous agiter. Fort est celui qui n'oublie pas ses angoisses
enfantines.

Une maladie incurable laisse le temps tuer le temps.

La maladie ne combat pas le malade : elle patiente.
Pour un consentement éclairé, le praticien n'a d'autre
voie que de présenter clairement au patient tous les
risques d'une conduite thérapeutique.

La lueur interprétative des prophètes rend leurs propos semblables à un livre dont la dernière page n'est jamais tournée.

Pour un sceptique, tout diagnostic n'est pas bon à croire.

Que dit ta conscience ? Avancer, c'est dormir et recommencer.

Si le savoir fait le médecin, l'intuition l'éclaire.

C'est à l'endroit où la tumeur est la moins visible, qu'elle est la plus sournoise.

A l'hôpital davantage qu'ailleurs, une visite enrichit non seulement celui qui la reçoit, mais celui qui la rend.

De la notion d'information du patient découle celle de contrat qui, pour que les deux parties s'entendent sur une décision, exige qu'ils soient communément informés.

La prière diffuse des certitudes.

Qui ne visite pas l'ami malade est-il ami ?

Même si votre ami vient vous voir quand il en a envie, sa visite imprévue tombe à point.

Une tumeur ne demande aucune politesse : sa présence encombre.

La solitude repose, les visites fatiguent.

Dès le serment, le médecin choisit librement l'obligation de mettre ses connaissances et les technologies disponibles, au profit de la guérison du corps-sujet.

Les visites ressemblent parfois à des états de lieux d'antiquaires ou de commissaires priseurs.

Visiter une maison de retraite rappelle étrangement la brièveté de la vie.

Les visites auprès des malades sont des expériences qui ne se comparent pas.

La compassion ne s'imite pas.

La maladie ouvre un abyme dont il ne suffit pas d'estimer la profondeur.

Les maladies posent questions et lancent défis.

Ce qui vient le plus à point à qui sait attendre, c'est le signe, réservé par Dieu, qui tombe toujours comme un fruit mûr.

Dans le moment difficile, au cœur de la turbulence, on peut encore négocier la vague, éviter la déferlante.

La demande de réparation du préjudice d'un acte médical n'a pas toujours eu le champ juridique et éthique que nous lui connaissons aujourd'hui. Les changements sémantiques et épistémologiques peuvent-ils rendre raison de cette évolution ?

Contre l'amour de Dieu, il n'y a pas de forteresse.

Donner du temps, c'est aussi soigner.

Sur les récifs de la négligence, des gens bien portants échouent.

Le référentiel spécifique pour l'indemnisation des victimes d'accidents médicaux indique aussi une avancée.

L'entrée en traitement médicamenteux invite au déplacement de ses habitudes et certitudes.

On ne connaît pas toujours la durée d'une escale.

Bible en salle d'attente n'est pas fardeau.

Rien ne vous met autant en forme que la santé.

Pourtant, il faut bien vivre.

Le regard gagne à se libérer de certaines amarres pour permettre une vision nuancée de l'embarquement thérapeutique.

La crainte du lendemain convoque le commencement du consentement.

La joie, diffusive d'elle-même, est contagieuse.

Le désir de guérison prête des ailes.

Le rendez-vous médical : transition, passage, sortie de l'équilibre et entrée dans le vif du sujet

Les mots sont les porte-paroles de la Foi.

Est-ce que l'article 1382 du code civil, selon lequel toute personne causant un dommage à autrui est dans l'obligation de le réparer, est un texte adaptable à la problématique médicale ?

La banque céleste ne prête pas seulement, elle donne.

La crainte de la mort asservit.

Des complications : ce qui arrive et qui était à craindre.

Le malade ne consent au traitement que par crainte d'un plus lourd.

Celui qui entretient le désir de suivre le Christ a déjà le pied à l'étrier.

Certains malades possèdent le privilège contraignant de pressentir l'avenir.

La compassion qu'on doit aux autres relève de l'impôt qui vient de Dieu.

A qui veut résister, le traitement apporte des armes.
Une seule phase de rémission chasse cent batailles.

Règle tes actes sur ta Foi, et tu évangéliseras par
rayonnement

Pour désarmer le mal, faire la paix en soi et s'armer de
patience.

Rien ne sert de courir, il faut partir à point.
Rien ne sert de mourir, il faut s'ouvrir aux soins.
Rien ne le fait guérir : il faudrait qu'il soit oint.
Rien ne sert de le dire que l'on est mal-en-point.
Rien ne vaut que dormir pour le jour du besoin.
Rien ne peut amincir sans perdre d'embonpoint.
Rien ne peut s'auto-nuire, s'entrenuire néanmoins.
Rien ne peut affaiblir, se préparant de loin.
Rien ne sert de gémir, traitement en appoint.
Rien ne peut plus guérir ? Changer tout le tintouin.
Rien contre le prescrire, l'appliquer néanmoins.
Rien que pour compatir, il faut être témoin.
Rien ne sert d'en pâtir, plutôt sourire en coin.
Rien ne tue le désir qu'assouvir ses besoins.
Rien ne fait plus plaisir que d'en boucher un coin.
Rien ne peut démentir aucun conseil ci-joint.
Rien n'est plus à ravir qu'écrire en contrepoint.

Fais le possible et tu pourras fulminer contre la
malchance.

L'esprit de critique figure le seul ennemi héréditaire de
la guérison.

Croire chaque soir que, demain, l'état de santé
s'améliorera avec la même probabilité que le soleil se
lèvera.

L'avis des autres sur ton état de santé ne te regarde
pas.

Le cancer : une descente de la totalité de soi-même, un
engloutissement par une part de soi.

Même si tu as peu de chances de t'en sortir, ce n'est
pas une raison pour ne pas tenter d'ouvrir encore
quelques portes.

Une descente à haut risque de laquelle on ne sait jamais
si et quand on pourra remonter.

Où la maladie parvient, le traitement a dit ce qu'il avait à
dire.

A chaque jour suffit ses perturbations.

Où la maladie parvient, le traitement a dit ce qu'il avait à dire.

Dans la descente, le cavalier met le pied à terre, le cancéreux regarde où il met les pieds.

L'ordonnance ne donne pas seulement un ordre, elle met de l'ordre.

Il est toujours trop tôt pour annoncer un cancer, mais parfois un peu tard pour le traiter.

Etre malade statufie la conscience de décroître.

Certaines rémissions forment des étapes vers la guérison.

Faire l'expérience qu'on est nu et qu'on a tout reçu opère un délestage à l'entrée du bloc opératoire.

Le diagnostic met à jour ce qu'il est possible de croire.

L'avenir reflète encore les excès passés.

Guérir veut recouvrer la liberté.

Une chimiothérapie prend toujours la forme de la tumeur.

Le cancer traverse toutes les cuirasses.

La conviction renvoie la première force du malade : elle tire les autres.

Imaginer le pire permet de se sentir mieux.

La santé ne désigne pas un luxe : elle est de nature.

La maladie configure une occasion singulière de mûrir.

La vie met en scène l'histoire de notre conservation.

« Terminus du train. Nous sommes arrivés au Pavillon. Assurez-vous que vous avez tout laissé dans le train ».

La santé peut tromper sur la personne, la maladie rarement.

La volonté ne produit rien de bon sans le discernement.

Le temps de la maladie peut engendrer un surcroît
d'initiatives.

Un service hospitalier dirigé par un PUPH compétent
manifeste des qualités que ne possèderait chacun de
ses membres en particulier, y compris le chef de service
lui-même.

Dans le labyrinthe d'une chimiothérapie, il est
nécessaire de garder le sens de l'orientation.

Le service à l'hôpital fait des soignants compétents les
gens les plus dotés de bon sens.

Le soignant remet le malade en bonne santé pour le
rendre lui-même soignant.

Paradoxalement, mais seulement en apparence, la santé
conduit au plaisir.

Devant le cancer, on ne peut attendre d'en savoir assez
avant de passer à l'action.

Le mystérieux du cancer diffère de l'inconnaissable qui
simule la limite d'un problème.

Le cancer dépeint un problème comportant trois éléments : un symptôme inhabituel, c'est-à-dire une inconnue qui surprend sinon la recherche de la guérison serait vaine ; la désignation d'une maladie car après avoir été repérée, cette inconnue est désignée, c'est ce qui nous la fait chercher plutôt qu'un autre mal ; des symptômes divers comme données connues qui permettent de désigner cette inconnue.

Le cancer comme problème s'objective, il est tout entier devant moi, il me barre la route, et j'essaie de lui trouver un ordre.

Le cancer comme mystère m'engage au point de me placer dans l'impossibilité de faire abstraction de moi pour obtenir des données objectives.

Mystérieux, le cancer ne fait pas un problème, ni une espèce de problème. Ce n'est pas un problème qui … C'est autre chose.

Le quotidien reprend le réveil pour premier allié.

Tout ce qu'on peut faire à l'égard du cancer, c'est le reconnaître, s'en approcher par une réflexion concrète.

Le cancer, prolifération inépuisable, se laisse
difficilement détailler ou inventorier.

Le cancer portraiture un mystère : c'est un problème
qui s'étend sur ses propres données, les envahit sous
forme de métastases.

Le mystère du cancer ne forme pas une sorte de
problème insoluble.

Un problème naît objectif. Le cancer vu comme
mystérieux n'est donc pas un problème du tout.

Dans une chambre d'hôpital, le silence se fait religieux.

Une prolifération cellulaire anormalement importante
dans un tissu normal de l'organisme est mystérieuse si la
survie de l'organisme lui-même est menacée.

Le mystère du cancer vient de l'empiètement agressif et
illogique opéré par la tumeur qui va à sa propre perte.

La compétence se présente d'un seul tenant.
La question du cancer, non moins que le mystère du
cancer, se situe dans l'ordre de l'existentiel.

Le mystère du cancer fait dépasser la sphère de l'objectif pour entrer dans celle de l'existentiel.

La représentation de la maladie telle que le patient est en train de la construire reste profane.

La vie communautaire décrit un cadre parfait pour la compassion ; si elle la délimite, elle l'agrandit aussi ; si elle la place en perspective, elle dégage du terrain pour elle, reconquiert des domaines entiers d'attention laissés en jachère par la pesante loi de l'égoïsme.

Une relation paternaliste du médecin suivi à la lettre dans ses prescriptions devient tôt ou tard asymétrique.

Quand le malade ne veut pas voir, l'imagerie médicale lui ouvre les yeux.

A la sortie d'une chambre d'hôpital, la discrétion embarrasse.

En écoutant nos frères parler de l'action de Dieu dans leur vie, nous n'apprenons pas seulement beaucoup sur autrui, mais aussi sur nous-mêmes.

Dans l'économie générale d'une communauté, toute
action, toute pensée, toute prière, quelque particulière
qu'elle paraisse, engage l'ensemble.

La torpeur paralyse la volonté, annonce une mort
prochaine de la liberté.

L'homme porte en soi ce qu'il faut pour rudoyer une
tumeur.

Chapitre 3

Ici et ailleurs

Reconnaître les signes de la Providence, revient à
supposer un ordre entre des évènements qui ne se
succèdent pas naturellement les uns les autres.

Le vieux médecin s'incline comme une branche chargée
de fruits.

Dans le mouvement de l'Esprit-Saint, si je m'arrête, je
perds l'équilibre.

Le médecin sait être vigilant sans être paternaliste, être
directif tout en laissant un espace de liberté au malade.

En salle de réveil, commencent d'autres rêves.

On se réveille malgré soi en salle de réveil.

Nos pauvretés dessinent nos garde-fous.

Coucher nerveux au bloc opératoire, réveil pâteux en salle de réveil.

Etre le dernier en salle de réveil quand tout le monde est parti se coucher, c'est jouer le veilleur dans un monde assoupi.

L'empiètement de la rouille et la corrosion du cancer deviennent rapidement insolents.

L'ordre naturel n'est pas à nos ordres, il demeure notre maître.

L'idée de lutte contre la maladie donne au corps médical, sur un registre épique, un pouvoir tentaculaire et une vision héroïque.

Un soir au coucher, nous pressentons le réveil. Un matin au réveil, nous devine que le sommeil viendra autrement.

Le médecin a le devoir de savoir pour pouvoir.

Ne pas oublier que le vin de Cana reposait dans des jarres.

Maître du temps de sommeil : anesthésiste.

La nuit porte conseil, pas l'anesthésie générale.

La vie, la mort : temps de veille ou de sommeil.

Une joie affaiblit un homme, une douleur en réveille un
autre.

Dans le somnambulisme de l'action intense, veille à
garder allumée la lampe de la reconnaissance.

Il n'est pas de pouvoir aux yeux d'autrui sans un certain
pouvoir sur la nature ; il n'est pas de pouvoir sur la
nature sans un certain pouvoir aux yeux d'autrui.

La confiance en Dieu est clairvoyance.

Pour Friedson, il n'est pas d'autonomie dans le travail
du médecin, sans monopole et sans pouvoir de travailler
dans son propre intérêt. Pour Parsons, il n'est pas
d'acte médical qui ne soit pas au service de l'intérêt
général.

Le savoir et le pouvoir induisent des devoirs.

On ne peut rien dire ni écrire sans présupposer un
ordre.

Si le médecin est en quelque sorte garant d'un niveau de
connaissances scientifiques et de compétences
techniques reconnues universellement, son pouvoir
proviendrait de son statut, de la reconnaissance sociale
ou prestige social de la fonction.

L'efficacité médicale n'a d'égale que la reconnaissance.

La douleur se réveille alors qu'on la croyait éteinte.

Le pardon annonce le printemps de l'amitié.

Cesser d'être inquiet revient à croire en la possibilité
d'une guérison, au moins d'une rémission.

Il est possible de surmonter un mal en l'appelant par son
nom.

Une douleur inexprimée s'amplifie.

Une grande vertu du disciple du Christ consiste à ne
pas perdre le sens de la durée.

Combattre la théologie s'apparente à en faire.

La douleur peut toujours aider quelqu'un.

La compétence passe par l'évaluation du risque.

Le premier devoir de compétence de tout médecin
révèle un maître, entretient une permanente
actualisation des connaissances.

Tu me demandes ce qu'est la douleur : interroge-là toi
même.

Il va claudiquant le clou dans la jambe, la chimio dans les
veines.

Qui sait s'il ne faut pas remonter aux prophètes pour
entendre ce que Dieu veut nous dire aujourd'hui.

Pas plus le doute que l'assurance ne doit stériliser
l'action du soignant.

Le souvenir de la douleur la ravive.

Propagation des lésions, diffusion des questions.

Reconnais le signe de la Providence quand il vient, car le signe s'en ira.

Dans la relation au sujet souffrant, la transmission du savoir l'emporte sur la rétention d'informations, l'humilité sur la dignité, la modestie sur le rang.

Découvrez le chrétien, vous trouverez l'homme.

Ainsi, s'il existe bien des règles à respecter (le code de déontologie), des critères d'aide à la décision (la prise en compte des bénéfices possibles et des risques encourus, la prise en compte de l'avis de l'équipe soignante, ou d'autres professionnels), il n'en reste pas moins que c'est toujours sur les épaules du médecin que repose le poids de la décision.

Le chant du berceau donne le la ; le rythme du berceau met tout le monde au pas.

Celui qui transporte la terre à la petite cuillère et les cailloux au seau finit par construire son palais.

Loin de tout lyrisme, loin de tout formalisme, une exigence réaliste de soin.

On est seul quand la douleur n'est pas comprise.

Derrière une affection, un malaise.

La compréhension parle à voix basse,

La sociabilité cache parfois un individualisme collectif.

Rien de tel qu'un séjour en hôpital pour guérir de l'impatience et de la colère des choses.

Ne désespère pas si tu ne guéris pas.

Le cancer, un goût étrange venu d'ailleurs.

A évangéliser sans péril, on avance à petits pas dans la foi .

L'art médical semble présupposer une définition a priori de ce qu'est l'homme normal, considéré comme l'homme modèle.

Le centre de cancérologie dépayse.

L'écriture exorcise de spectres tentateurs.

Il faudra bien que je m'en tire.

Les métastases mises bout à tout encerclent sans
temps mort.

Pour tendre son piège, le cancer prend son temps.

C'est une grande folie de vouloir gagner le paradis tout
seul.

L'univers entier se conduit par une seule loi, la
reconnaissance.

Les avancées médicales expriment des visions sans
cesse remaniées de ce qu'est la santé et, par suite, la
maladie.

Avec ces cicatrices, je commence à être très ouvert.

Fils de charpentier et petit-fils de couvreur
Opéré selon règles d'art des bâtisseurs,
Sans attendre, je remercie avec ardeur
Le couteau intervenu, chirurgien, docteur.

Les progrès médicaux révèlent l'histoire d'essais
endurants, incalculables, de réponses pertinentes et
fidèles à une nature défaillante.
Evangéliser sans contraindre, respecter sans renier.

La morphine tranquillise le patient et le soignant.

Dans la dernière ligne droite, les chemins de traverse
débouchent sur la voie centrale de la morphine.

La morphine jette des sorts.

Certains poursuivent leur voyage intérieur en
parcourant le monde, d'autres passent à l'église ou
descendent le soir au bout de la rue.

S'il n'y a qu'un Dieu, c'est qu'il est parfait.
S'il n'est pas possible de guérir, il faut au moins rétablir.

Les lésions tombent du côté où la tumeur penche.

L'amour de la loi éclaire le regard, la loi de l'Amour
élargit l'horizon.

Les mauvais augures grandissent la nuit.

Le vrai nom de la morphine : simulacre

Les pensées négatives donnent les premières
démangeaisons.

La lande du traitement a pour premier effet de
déserter, pour effet secondaire d'épuiser, de perdre
enfin.

L'éthique a pour but de replacer l'homme au centre de
la problématique médicale.

Heureux celui qui prie pour ce que d'autres ne peuvent
changer.

Le malade est-il obligé d'écouter son médecin?
 Singulier monde que celui du bloc opératoire.

L'inquiétude et l'incompréhension du malade
s'annoncent parfois menaçantes.
Explorateur de ses labyrinthes, le malade oriente à la
fois lui-même et les autres.

Le malade ne joue pas l'adversaire du corps, il en est le
secrétaire.

Entrer en maladie, c'est prendre une petite partie du monde en réparation chez soi.

Le malade montre du doigt la précarité du monde.

Le cancéreux fait son histoire, même s'il ne connaît pas l'histoire qu'il fait.

Pour sortir d'un traitement, il faut retenir quelque chose et ne pas tenir à grand-chose.

La médecine est la mémoire du monde.

Donnez-moi l'imagerie médicale d'aujourd'hui, le serment d'autrefois.

La guérison ne se mérite pas, elle se conquiert.

Présager fait remonter d'un signe à sa signification.

Il n'y a pas d'homme guéri, il n'y a que des hommes qui se guérissent.

La sauvegarde de notre santé n'habite nulle part ailleurs que dans la pensée.

Bien qu'en certaines circonstances on puisse dire qu'ils sont détectés, les symptômes sont soumis parfois à des procédés non interprétatifs.

Le médecin fait la preuve que si le monde n'est pas sans raison, la maladie non plus.

Un malade se comprend s'il ne se réduit pas à sa maladie mais s'il la met en perspective

Augurer : tâcher de rendre compréhensible, saisissable par la pensée, des objets, des faits et des problèmes qui se présentent comme complexes, énigmatiques, évanescents.

Passionnante pour aujourd'hui, essentielle pour demain, l'interprétation d'un cliché n'est rien d'autre qu'une connaissance de second rang, possédant un faible degré de scientificité.

 La lecture d'un cliché se situe d'une certaine manière entre l'opinion et la science.

En cette fin 2016, 58 ans me séparent encore de l'année 1958.

Chapitre 4

Impromptu

La maladie dépayse : elle troque le terrain de mission.

Le cancer, comme la santé, devient un concept environnemental.

L'ordre naturel n'est pas à nos ordres, il demeure notre maître.

Selon quel processus historique personnel l'association de la santé et de mon mode de vie s'est-elle réalisée ?

Grandir dans la foi, c'est calmer mes doutes au cours des ans.

Le cancer est l'objet d'une géo-genèse dont les frontières s'avèrent extrêmement difficiles à délimiter.

Éviter que la conscience de la maladie ne se dégrade à mesure que la santé s'altère.

Que le monde est beau sous les lampes de mes discernements. Qu'il est ingrat aux falôts de mes imprévoyances.

Maître en lecture des signes avant-coureurs, le cancérologue au regard perçant remonte d'un signe à sa signification.

Qui se distingue, s'isole.

La reconnaissance priante est l'impôt du chrétien.

Le cancérologue, praticien répondant à l'exigence universelle de soins, s'ingénie à me rendre compréhensibles, des symptômes et des problèmes qui se présentent comme complexes, énigmatiques.

La maladie disperse sournoisement les conditions d'exercice de la vie.

Pendant le combat, il n'est plus temps, de fabriquer son armure, peut-être encore de prier.

Le symptôme : à distinguer du signe qui dénote la présence d'un processus.

La maladie plombe une vie.

Le symptôme : phénomène qui cause au patient une gêne et dont il demande à être soulagé.

Un symptôme n'est pas obligatoirement un signe mais il peut l'être.

Quelle est la part de l'environnemental dans les causes externes de mes pathologies ?

Combattre : ce verbe ne s'emploie que pour les batailles et les hérésies.

On ne peut juger d'une partie du corps sans connaître le tout, lui-même indissociable de son milieu.

Le comble du chrétien est de s'habituer aux clins d'œil de la Providence.

Le cancer m'oblige à dépasser mes connaissances situées à un faible degré de scientificité, quelque part entre la simple opinion et la science.

La vérité est forte, la Foi plus forte encore.

Le prophète est un enseignant talentueux qui n'est pas compris quand il parle.

Quelle est l'efficacité attendue d'une première série de chimiothérapie ?

Le pécheur est borgne, l'orgueilleux aveugle.

A l'approche de cette 6ème séance de chimiothérapie, j'avoue être tenté par d'autres formes de thérapie que l'on appelle naturelles, différentes, parallèles, douces ou encore alternatives.

Les actes de foi sont les lampes de notre existence.

Un rire comme un carillon de Pâques.

Le cancer est d'autant plus dangereux que les symptômes tardent à venir.

A l'annonce d'un cancer, le patient a peine à y croire et se convainc que ce sont les symptômes d'un autre malaise qui ne vont pas tarder à disparaître.

Pétrir selon la farine, évangéliser selon le caractère.

Jusqu'où l' obstacle épistémologique est-il encore obstacle ?

Les charismes se reconnaissent comme parfums d'un état primitif.

La guérison par le symbole propose d'ouvrir une autre voie de réflexion, mais ne prétend ni détenir la vérité, ni institutionnaliser sa théorie.

Une louange paisible reste la plus sage des prières.

Une interprétation n'est jamais close et appelle sans cesse de nouveaux paradigmes.

Longue est l'évangélisation, court le temps.

La tâche interprétative est infinie.

La rouille ronge le fer, les péchés le cœur.

La médecine devient efficace et les procès augmentent : paradoxe ou judiciarisation ?

Dieu accorde toujours un crédit à long terme.

La prise en charge médicale de l'expérience de la souffrance est-elle possible ?

La bonté divine traverse l'univers et tout homme le sent un jour.

D'où vient la complexité de la prise en charge de la souffrance ? Du caractère subjectif de son expression ? De son évaluation ? De la séparation entre psyché et soma ?

Si la charité fait passer le temps, le temps fera passer la charité.

A L'annonce d'une maladie, le déni, la révolte et la dépression pourraient être les étapes d'un deuil et l'origine d'un « refus de soin ».

Si quelqu'un t'a aimé, il t'a rappelé que tu as un cœur.

La grâce ne consulte pas le calendrier.

Propos du cancérologue : morceaux de paroles fragiles autour desquels l'on trouve les traces de l'encouragement.

Même si l'étape du déni apparaît pour les pathologies dont le traitement comporte de multiples contraintes à supporter par le patient, j'essaie de ne pas enclencher ce mécanisme de défense, ou faire le lit de la révolte.

On progresse d'autant plus qu'on loue davantage et qu'on se regarde moins.

En attendant la manne du ciel, commence par faire ton pain.

Comment se protéger d'un cancer toujours inadmissible ? Il serait paradoxal de s'opposer au corps médical, aux soins et/ou aux traitements prescrits.

Embarqués sur un acte de foi, nous accomplissons d'étonnants voyages.

Pour entretenir malgré tout l'espoir d'une guérison, faut-il pratiquer un certain « nomadisme médical » ?

La charité, c'est l'art et la vertu de se servir de soi-même.

On n'en finit pas d'être un disciple du Christ.

Nous ne connaissons pas l'évangélisation si nous ignorons sa cause, l'adoration eucharistique.

Je dois me méfier d'un refus de soin qui peut aussi se manifester sous la forme d'une prise de risques pour mettre ma vie à l'épreuve avec l'idée de m'en remettre au destin en travaillant quasi normalement, en prenant trop peu de repos.

Relis le passé : le présent se justifie.

L'homme a cinq sens, le chrétien peut-être six.

Que la charité occupe tous les recoins de la vie.

Au service du Christ, pour une douleur, mille joies.

De quel droit puis-je tester la possibilité d'un affranchissement du traitement trop difficile à accepter ?

Sur les ailes de l'Esprit, les Apôtres s'envolent.

Il y a de la beauté dans la nature et du divin en toutes choses.

Si seulement les hommes pouvaient admirer les efforts de cette main savante.

Il incombe au cancérologue d'informer au mieux son patient.

Le cancéreux a le droit de savoir mais aussi de ne pas savoir.

La foi est l'organe de la vision parfaite.

Paradoxalement, une meilleure autonomie du cancéreux suppose de sa part une implication véritable et une alliance a priori thérapeutique salvatrice.

La vue la plus céleste sur la terre est celle du visage humain.

La démarche relationnelle investie, favorisée, par le cancérologue est réelle. Est-elle pour autant vraie ? Sincère ? Authentique ?

Annonciation. Pas de bruit, seul un battement d'aile.

On a la chance que Dieu nous donne.

Chapitre 5

Circonstances

Traitement de choc
Sert de parechoc.
Mais tous ces médocs
Risquent l'entrechoc.

La louange est un avenir, fût-il encore germinatif.

Le jour se lève, même si j'oublie la louange matinale.

On entre au paradis une fois, et c'est pour longtemps.

La louange illumine le quotidien.

Il n'y a pas de saint homme, il n'y a que des hommes que Dieu sanctifie.

Je suis un malade unique…… comme tout le monde.

Ma prière a le sens que Dieu lui prête.

La coutume imprègne tout, même la prière la plus fervente.

Une prière est un souhait relié.

Au commencement était la joie.

Quelle heure est-il au cadran de la Providence ?

Pas une seconde qui ne vienne de Dieu.

La vieillesse : passion et attente de l'Unique nécessaire.

Avant que de prier, apprends à aimer.

La limite de l'amour est de ne croire qu'à l'amour.

La prière est à l'âme ce que la gymnastique est au corps.

La charité épuise le raisonnable et le destitue.

Etre sincère : émouvoir sans façon.

Ne retiens pas l'offense ; rappelle les bienfaits.

Le talent missionnaire ne consiste après tout que dans le choix personnel et circonstancié des moyens.

Prier, c'est toujours appeler humblement, c'est parfois ordonner maladroitement.

La louange dessine la moitié de la sérénité.

C'est encore une grâce que de croire au paradis de temps en temps.

La vie éternelle est suspendue à la vie terrestre.

L'univers chante les louanges du Créateur.

La prière vient à bout de tout.

A trop vouloir bien faire, on gâte ce que Dieu attend de nous.

C'est vraiment contraignant de ne pas pouvoir être malade par intermittences.

A l'école des saints, d'occasionnelle, la prière devient continuelle.

Trop de précautions ralentissent l'action.

« Chose promise, chose due » dit Dieu à son peuple.

Au creuset de nos faiblesses s'annonce la grâce.

Le monde appartient aux patients et la patience à Dieu.

Aux saints inconnus, on oublie d'allumer des cierges.

Mieux vaut perdre l'amitié que la foi.

La louange divinise les motifs et simplifie les faits.

Croyant heureux fait visage épanoui.

Console les malades comme un malade et non comme un bien portant.

Le prophète qui vient de loin dit-il plus de vérités ?

Ce n'est pas le mal qui tue, c'est l'orgueil.

Dans l'entretien thérapeutique, le silence est une réponse.

Le cancérologue est le plus fidèle des miroirs.

Méfie-toi des actions belles à distance.

Une vie de malade entre deux éternités.

Quand Dieu fit le jour, il le fit pour tous.

Ce que l'homme réserve parfois pour la fin, le croyant le place en tête.

Qui aime compatit.

La compassion comprend toutes les langues.

Dieu n'enlève pas les pierres du chemin.

La rémission s'apparente à la porte qui grince et qui peut rester longtemps sur ses charnières.

L'homme a toujours besoin de signes d'affection, le cancérologue l'en dessine à son insu.

Quelle est la logique propre à la consultation « post annonce » ?

A porter des intentions de prière, nul ne devient bossu.

La compassion, c'est la foi en habit de semaine.

Approche « collégiale » de ma situation et propositions
sont-elles réelles ? Continuité et cohérence de la prise
en charge entre clinique privée et centre hospitalier
sont-elles effectives ? Concertation et harmonisation
de l'information sont-elles finalisées ?

Re-connaître la personne malade dans sa capacité à se
re-connaître capable de faire des choix.

La bonté naquit avant le jour de la Création.

La joie vient de Dieu, la tristesse de l'homme.

Toutes les vertus ont leur racine dans l'amour.

De quel droit peut-on dire que le refus de soins
constitue une étape dans le processus de la maladie ?

La compassion incarne une monnaie qui enrichit non pas
seulement celui qui la reçoit, mais aussi celui qui la
donne.

La confession vise à imprimer en nous la miséricorde de Dieu autant qu'à l'exprimer.

Le temps du soignant ne configure pas celui du malade.

La louange interprète une théologie menée par d'autres moyens.

Il est des portes du cœur que l'on ouvre qu'avec la louange.

La louange trace le début et la fin de la prière.

L'évangélisation exprime simplement la forme visible de l'adoration.

La compassion rassure plus que la raison.

Les fruits de la compassion ne tombent pas seulement sous son arbre.

Chapitre 6

Sans compter

Cette attente jusqu'au mois de mai semble banale au cancérologue. Qu'en sera-t-il ? Une énième exploration clinique à visée thérapeutique ou, un simple rapport d'étape sur le protocole de recherche ?

Le Christ apporte une nouvelle géométrie.

A l'approche du cimetière, l'heure se fait priante.

Aucun chrétien ne mérite de demeurer exemplaire.

Où se situe aujourd'hui mon médecin ? Dans le domaine clinique ? Sur le plan philosophique ? Dans la sphère pédagogique ? Selon une perspective épistémologique ? Tapi au fond de sa caverne juridique.

Chaque année liturgique nous rapproche du ciel.

La croissance des enfants estampille la création.

Consentement : moyen de respecter l'autonomie du malade.

Tout acte de foi personnifie une innocence.

Marche au rythme que Dieu te donne.

La présence réelle dans le tabernacle donne à l'église son véritable climat.

Dans l'alliance thérapeutique, balisée tant au niveau juridique que déontologique, quelle que soit notre position, nous nous sentons loin du point de gravité pour prendre une décision.

Il y a souvent un fossé au fond duquel le médecin est bien seul face à sa conscience morale.

Devant le refus de soins, l'écoute la plus simple possible se justifie.

Rien n'est plus contraignant que la raison quand on ne s'appuie que sur la raison.

Croire : trouver son bonheur hors de soi.
Vieillesse : l'éternité à bout portant.

Prudence : art de se raisonner.

Il est facile de jouer la partie sereinement si l'univers n'a pas été lancé sur un coup de dés.

Consentement : protection contre l'emprise d'un bien portant sur un mal portant.

Consentement, autonomie : comment repenser la complexité de leurs relations ?

La maison de Dieu s'abrite dans le cœur de l'homme.

Le hasard, nécessaire dans le plan divin.

Le livre des bonnes intentions est un fort gros volume.

Consentement : mythe ou réalité ? Théorie juridique ou déontologique et pratique quotidienne ?

Le malade n'est pas un révélateur du monde, il en est un rival.

Aucun chemin fleuri ne conduit à la sainteté.

Consentement : concordance affichée ou discordance masquée ?

Ignorants d'où nous venons ; certains où nous allons.

Dieu est père de la création, la nuit sa mère.

La grâce va plus loin que la santé.

Une prière en amène une autre.

Travail et prière viennent à bout de tout.

Le plus grand art est celui de traverser la vie chrétiennement.

Le cancer montre du doigt la face cachée du monde.

La rose figure la vie chrétienne ; respire-la, et donne-la à tes enfants.

Une approche philosophique du consentement, par le biais du principe d'autonomie, est elle-même, par nature, complètement opératoire.

La flèche lancée ne revient pas, la parole donnée ne se reprend pas.

Le disciple du Christ trouve l'oreiller dans la pierre.

La prière ressemble à l'oeuf: à peine éclose, elle a des ailes.

La recherche semble banale, et l'esprit inquisiteur normal en cancérologie, que ce soit lors des soins, d'une exploration à visée thérapeutique ou, plus rarement, avant un protocole de recherche.

Travaille et demande le fruit par tes prières, comme s'il devait te tomber du ciel.

Le temps élongué et l'espace étréci concourent indivisiblement à identifier le malade.

Croire en Dieu : aller du réel à l'idéel, et retour.

L'amour n'a de limites que pour qui veut le définir.

Si la prière ne change pas notre prochain, elle perfectionne notre évangélisation ; utilité qui n'est pas moindre

Croire, c'est emprunter ; évangéliser, revient à rembourser sa dette.

Le protocole doit apporter avec lui des rapports authentiques et non pollués par le pouvoir du chercheur.

La compassion n'existe que dans l'expérience.

L'idée de Dieu traverse le monde ; ainsi, Dieu est réel..

On n'emporte pas son église en voyage.

Pour être heureux dans la maladie ; conserver quelque chose et ne pas tenir à grand chose.

L'écriture symbolise le mot de passe du cancéreux.

A l'hôtel de l'espérance, les chrétiens dorment bien.

Le spirituel est vraiment le réel ; plus c'est spirituel, plus c'est réel.

Pourquoi pries-tu pour une personne et non pour toutes ?

La grande histoire véritable est celle du prophétisme.

La foi de ton voisin dépeint un pays lointain.

L'autonomie du malade peut se lire et se comprendre de deux manières, selon qu'on se réfère à son origine saxonne ou bien aux textes des Lumières. La cloison entre elles est-elle si étanche ?

Cent bouteilles d'encre du théologien ne valent pas une goutte de sang du martyre.

L'adoration ne représente pas un attachement, mais un envol.

Le monde appartient aux hommes prudents, et la prudence à Dieu.

Le consentement, incontournable dans la loi française dite « de démocratie sanitaire », inspirée grandement de l'autonomie individualiste anglo-saxonne, est-il plus opératoire pour autant avant tout acte de soins ?

Le but recherché du consentement se place sur la ligne de défense de la dignité du sujet.

Médecine ne reflète pas science exacte, mais seulement science humaine, mais seulement pratique de cette science.

Une vie est d'autant plus sainte qu'elle a plus de sens, la sainteté n'étant rien que l'opération qui consiste à charger de sens la vie.

Gens malades, gens de peine.

La sauvegarde de notre corps n'est nulle part ailleurs que dans notre tête.

Avant d'annoncer la lumière, assure-toi que ta lampe est bien allumée.

Connaître son catéchisme ne veut pas dire croire en Dieu.

Dieu seul est philosophe.

L'autel statufie le pilier du monde.

La bonté divine traverse l'univers et tout homme le sent un jour.

Qui refuse d'entrer à l'église et de s'avancer au pied de l'autel ne connaîtra ni la hauteur des marches, ni la longueur de la nef.

Le malade explique le monde, sans pour autant lui donner sa signification.

Le monde joue une comédie gangrénée et le cancéreux, le spectateur.

La grâce ne donne pas de rendez-vous.

Si les solutions sont opératoires mais peu transmissibles en cancérologie, n'est ce pas parce que les outils intellectuels dont nous nous servons pour comprendre ce mal ne sont pas adaptés à sa complexité ?

La louange revient à la maison de son auteur.

Si l'adoration lasse, alors vivons dans l'ennui plutôt que dans les chimères.

Si longue que soit l'inquiétude, l'espérance viendra.

Qui craint la critique n'évangélise pas.

Sur le chemin de la foi, le doute est un col que tout le monde empreinte.

Sur le paravent d'odeurs d'aube, ton nom est peint en noir : cancer.

Force et attente me retiennent tour à tour sur le mur du cancer.

Celui qui n'a jamais péché ne mourra jamais.

Le cancéreux peut encore faire la preuve que le monde n'est pas chaotique.

Pour aucun homme le même signe de la Providence ne vient deux fois.

Tout cancer fait balbutier d'inhabituels courages.

Le cancer apporte le don de l'Extrême et nous fait instrument de volonté.

Dieu seul sait comment et pourquoi Dieu existe.

Sous le soleil divin, aucun lopin de terre n'est ombragé.

Comme Serge Gainsbourg

J' suis le cancéreux toujours las
Le gars qu'on croise et qu'on n' regarde pas
Y a pas de soleil l'œil à terre
Drôle de croisière
Pour tuer l'ennui j'ai dans ma veste
Des bouquins plus ou moins digestes
Et dans c' bouquin y a écrit
Que des gars l'ont dans l'os, quant à moi j'suis mal pris
Pendant c' temps que je fais le zouave
Bureau devient cave
Je prends surtout une mauvaise pente
Avec mes trous dans la charpente
J'ai des trous, des petits trous, encore des petits trous
Des petits trous, des petits trous, partout des petits
trous
Des trous qui me lassent
Qui prenn't beaucoup d' place
J'ai des trous, des petits trous, encore des petits trous
Des petits trous, des petits trous, partout des petits
trous
Des petits trous, des petits trous,
Des petits trous, des petits trous
Je suis le cancéreux toujours las

Pour Invalides changer Opération
Moi je change de planète
J'ai dans la tête
Un carnaval de fioretti
Que je note jusque dans mon lit
Et dans mon manque de chance
Je vois pour les autres les correspondances
Parfois je rêve je divague
Je vois des vagues
Femme et quatre enfants, mes amis chers
Je vois un bureau qui vient me chercher
Pour me sortir de ce trou j'écris sur mes trous
Des petits trous, des petits trous, toujours des petits
trous
Mais le bureau prend failles
Et j' vois que je déraille
Et je reste dans mon trou à gérer mes trous
Des petits trous, des petits trous, toujours des petits
trous
Des petits trous, des petits trous,
Des petits trous, des petits trous

Je suis le cancéreux toujours las
Ni métier, ni fric, bientôt hors la loi
J'en ai marre j'en ai ma claque

De ce cloaque
Jouer de la musique et sur tous les airs
Laisser mes questions au vestiaire
Un jour viendra j'en suis sûr
Où je pourrais m'évader dans la nature
Où Dieu m'attend sur la grande route
Et coûte que coûte
Et si pour moi il n'est plus temps
Je partirai les pieds devant
J'aurais des trous, des petits trous, tout plein de petits
trous
Des petits trous, des petits trous, partout des petits
trous
Y a d' quoi devenir dingue
C'est la ribouldingue
Pour le paradis une porte étroite
Les clefs de Saint Pierre pour serrure à trou
Un dernier petit trou
Un jour je serai dans un grand trou
Où je n'entendrai plus parler de trou plus jamais de trou
De petits trous de petits trous de petits trous

Chapitre 7

Indicatif

De l'aide du ciel, on se rappelle le jour du besoin.

L'éternité vibrante et la solitude acceptée par le cancéreux lui donnent une autre vie.

Prier tôt le matin se décrète le soir.

L'adoration eucharistique est le soleil des intelligences.

Se convertir, c'est se dépouiller.

Nul cancer ne pourra prendre contre ton gré l'allée diaphane de l'hôpital.

La médecine ignore ce qui fait le cancer du cancer.

Double de lui-même, le mal cancéreux emporte vers l'ailleurs.

Compatir se conjugue toujours au présent.

Le cancer résulte d'une succession désordonnée d'évènements.

La foi fait mourir la mort.

Notre pauvreté façonne l'échelle de la grâce.

Le tiède serait en route depuis dix ans que le converti l'atteindrait en une journée de marche.

Dieu donne les mains mais ne bâtit pas la maison.

La colère empêche de bien viser, la prière empêche la colère.

A l'assaut de ma carcasse, il claque comme un drapeau et répond au nom de cancer.

L'évangélisation ne paie pas de douane.

On ne joue pas à la marelle en assistant à la partie, on ne joue pas la Foi sans être pratiquant.

L'idée du cancer, un cancer sans événement, est tout simplement dénuée de sens.

Le cancer vécu présente une continuité indivise.

Regards vers qui je cours, aurez-vous les bras ouverts ?

La force de l'arc vient de la corde, celle du croyant de la prière.

Dieu ne doute pas plus de l'homme que le forgeron de son métal.

On ne dit pas à Dieu : « Je ne m'assoierai jamais à votre table. »

Au banquet des cancéreux, j'ai vu la sombre invitée.

Evangélise où tu veux , mais compatis où tu dois.

C'est fragiliser le charisme que de l'analyser.

La compassion qui n'est pas accordée à temps est sans vertu.

La maladie me fait radeau à la dérive.

L'expérience sensible de la douleur reste inintelligible.

Le cancer prévaut sur le temps des montres et des horloges.

La douleur ne dépeint pas une catégorie a priori, innée, indépendante de l'expérience.

La foi suggère une coupe qu'il faut transmettre dès qu'on y a porté les lèvres.

Vous ne saurez jamais ce que Dieu peut faire pour vous si vous ne lui demandez pas.

Un jour ou l'autre, le cancéreux devient marais aux portes de la nuit, au seuil de l'oubli, au fond de l'ennui.

Nul ne peut mettre à l'attache la bonté divine.

Prie et garde le silence : il n'y a que mots, pensées et soupirs.

Au vol l'on reconnaît l'oiseau, au chant le croyant.

Enseigner sans prier, c'est tirer sans viser.

Tirer avec colère, c'est perdre ses flèches.

Le cancéreux doit oublier la présence noire, la vieille dame et son poids silencieux.

Le Christ s'est donné la peine de vivre.

Les métastases tombent en échos d'insolence, de défi, d'ignorance.

En réponse à mes doutes, Dieu donne sa parole, et il la tient.

Le cancer contraint de vivre à la fois dans une durée objective, mesurable, et une durée du flux intime.

Nous formons l'idée de douleur de la succession des idées et des impressions ; et il est impossible que l'esprit la perçoive isolément.

Dieu accorde toujours un crédit à long terme.

Le pardon ne vient jamais trop tard.

En toute saison, Dieu donne des fruits.

Le péché a de courtes jambes.

Le chrétien non éprouvé ressemble à la noix non cassée.

La chimiothérapie teint sur les mains les traits de son silence perfusé.

Annoncer le Christ, c'est parfois perdre l'amitié.

La douleur revient et reviendra.

La maladie finit par devenir paravent d'indigence.

L'arbre de la compassion donne des fruits de joie.

Les ailes à l'oiseau, la prière à l'homme.

Un traitement médical furieux vulcanise le temps.

Tout pharisien effleure un notable qui s'abuse.

La douleur apparaît comme seuil physiologique du cancer et passage thérapeutique du même cancer. Certaines de nos douleurs ont lieu avant d'autres, certaines ont lieu simultanément. Sans idée de la douleur, y a-t-il de la douleur ?

Une absolution éteint plus de feu qu'un baquet d'eau.

Les sièges préparés au ciel pour les parfaits sont longtemps vacants.

Le traitement médical liquéfie les heures.

Agir chrétiennement ne donne pas la migraine.

L'on reconnaît l'or au feu, le chrétien dans la mission.

La chimiothérapie incandescente assèche l'air de ses ailes en fusion.

Les blés sont plus nombreux que les semences.

Sous les cymbales vibrantes des rendez-vous en cancerofolie, les humbles remarques prennent des dimensions de prophéties.

Qui aime évangélise.

A l'église, chaise et prie-Dieu sont inséparables.

Ne déprécie pas le pécheur, il se peut qu'il te guide demain.

Prie cent fois, parle une fois.

Qui se précipite dans l'évangélisation peut être
maladroit, qui s'abstient fait pire.
Les séances chimio-volcaniques en éruption voient
mensuellement leur lave figée.

Tout tiède mime un stratège qui s'abuse.

Le temps du malade est conventionnel.

Lorsque nous adoptons un certain type d'horloge pour
la maladie, il s'agit d'une convention. Il est impossible de
découvrir si l'horloge reste à l'heure.

Même le parfum de Marie-Madeleine n'est pas répandu
pour rien.

Selon la justice divine, tes fautes pardonnées ne te
nuisent pas.

La chaleur de la douleur tyrannise le secret en fleurs
Sois avec Dieu même si tu dois balayer le Paradis.

Qui ne veut aimer garde le cœur sec.

Toute prière laisse une graine germinative.

Pour une ultime fois, je reverrai, paraît-il ma vie bordée
de charmes, et distinguerai la silhouette de la ville
heureuse.

Le squelette perforé de métastases comme un champ à
l'heure de la moisson humide.

Qui s'appuie sur son frère garde toujours son équilibre.

Un saule ne peut donner du raisin, un tiède le feu.

Plus noire que brûlure au talon, l'absence d'avenir
rangaine.

La force de l'arc vient de la corde, la puissance de la
prière de la foi.

Le langage de la compassion traduit, explique et
simplifie.

L'homme athée semble bon prophète.

Mieux vaut un acte de foi aujourd'hui qu'un vœu
demain.

Il n'existe pas de catégorie universelle de la douleur,
mais des catégorisations et des modes d'appréhension
variables selon une histoire qui est mienne.

Apprendre l'alphabet de Dieu pour lire la vie du Christ.
Dieu ne perd rien de sa transcendance lorsqu'il souffre
sur la croix.

Le cancer concrétise le produit de l'esprit humain en
interaction avec la réalité, et non l'exact reflet de la
réalité elle-même.

La promesse de la tumeur louvoie pour ne pas céder.

Chapitre 8

Distinction

L'image perfide de la scintigraphie se lamente en appels.

Nous régnons sur le visible, Dieu sur l'invisible.

Le silence plaît à Dieu et non au Malin.

Cancéreux, tu te fais galérien sur mer d'encouragements.

Qui croit aux dieux se nourrit de rêves.

Péché résonne plus que cloche.

L'hiver de la pathologie persiste cette année.

Loin du ciel, tristesse.

Le plus endurci peut craindre la compassion.

Le jardin du Malin est grand,mais il n'y pousse pas de fleurs.

Les paroles ne rendent pas charitable.

Le cancer a ses raisons que le malade veut rationnellement décripter.

En ces temps de découverte fortuite, tu avanças ta volonté en étendard.

Il lui suffit d'une toute petite prise pour que Dieu agisse en nous.

Le médecin fouille le cœur du malheur pour semer métamorphose d'audace.

L'espérance peut briller même dans une sombre existence.

Tant qu'on vit, on se confesse, et pourtant on meurt pécheur.

A l'église, le mauvais temps s'oublie.

Le péché abaisse l'homme jusqu'à le séduire.

L'oracle passe ; le cancérologue retient son geste et sa
réponse bien au-delà du temps.

L'orgueil a des fleurs et n'a point de fruits.
Le Malin n'a même pas pitié de l'homme faible.

Pour éloigner le Malin, brandis la vérité.

Chaque absolution donnée s'imprime comme une
victoire contre la mort.

Des mains nouvellement ridées apportent, préservées,
l'exaltation du berceau et du tombeau.

Les disciples du Christ peuvent-ils se quereller ?

L'un plante l'arbre, l'autre cueille le fruit.

Le cancérologue ausculte la mort sur un corps vivant.

Le péché tue plus sûrement que l'épée.

L'orgueil prend des forteresses, il se les fait ravir.

Méfie-toi du Malin que tu veux ignorer.

Les uns montent, les autres descendent l'échelle de
sainteté.

Dure est la mort, plus dure encore est l'incroyance.

Si tu crains l'homme, ne crains pas Dieu.

Le malade tuméreux renoue les filons de la patience.

Après la chimiothérapie, une allée s'ouvre au loin sur le
Centre.

L'amour est venu dans le monde avant l'homme.

Maladif, tu pleures le manque de barreaux sur l'échelle
de la Rencontre.

Malade, tu te sens obligé d'accoster sur le continent
des Sans-appels.

Que tu sois sur le dos ou sur le sol, à octaves
chromatiquement chromées, relis ce Cantique galant
dont Dieu te fait part.

La prophétie vient à son heure, l'accomplissement au
jour fixé.

On a toujours plus de spiritualité qu'on ne le croit.

Heureusement, tout est grâce et le rire est fine fleur de la patience de Dieu.

Dieu donne la mesure : d'emblée, au-delà des mérites..

Même si nous ne comptons pas beaucoup sur Dieu, lui compte sur nous.

L'on entend mieux la Parole quand on écoute un peu moins le monde.

L'évangélisation est fille de son temps.

Lune et foi quand elles ne croissent pas, décroissent.

Qui ne veut croire à l'accompagnement l'apprend à ses dépends.

Si le malade redevient droit, qu'importe que son ombre soit encore vue comme fléchie.

Un fond à la mer la plus profonde, une cime à la plus haute montagne.

Conseiller est aisé, soutenir difficile.

L'accompagnement : un art plus qu'une science.

Dans la sécheresse, les bonnes sources; dans la détresse, les bons amis.

Une visite au malade annonce le printemps des vertus.

Qui décide s'oriente, qui s'abstient s'égare.

Le malade ne craint pas la lenteur, il redoute l'arrêt.

En cancérologie, plus on s'élève, plus loin se porte le regard.

Thérapeute qui bâtit hors de ses terres, perdra son mortier et ses pierres.

Selon que l'on estime, on accompagne.

Chaque confession est le rêve d'une nouvelle naissance.

Le cancéreux est à l'aise avec les fantômes. Sa chambre spectrale grouille de leur discrétion affairée.

L'orgueil a beaucoup d'amis.

La tumeur sorcière captive les parois endolories
alentour.

Une année d'évangélisation pour une journée de repos.

Si tu ne prends pas le péché à sa racine, c'est en vain
que tu tenteras de le prendre à ses effets.

Qui pense au meilleur plutôt qu'au pire discerne
justement.

La sérénité informelle décroche aux firmaments noirs la
précieuse pierre Volonté.

Le cancer prend toujours des chemins de traverse et
ignore la moindre des choses, la ponctualité.

Dieu précède l'homme comme sa silhouette, le Malin le
suit comme son ombre.

En haut Dieu, en bas l'inquiétude.

Le cancer dicte la voie sauvage de l'abandon au
marcheur appesanti.

Foi nébuleuse, pensée sinueuse.

L'évangélisation est la moitié du bonheur.

La lâcheté a tué plus d'hommes que la faim.

Ce que savent les jeunes convertis, le reste du monde l'ignore.

La maladie assiège les lunes sur le front du dormeur.

Dans l'encre du silence s'écrit le feuilleton tenace d'une thérapie.

Dieu te fait un château, le Malin un tombeau.

La cloche fêlée ne se répare pas. Rien n'est irréparable pour Dieu.

Le pécheur repenti devine ce que lui veut le Malin.

Si j'ouvre fréquemment ma porte, elle ne grince pas.

Que le jour de la rémission sourdisse et brûle mes interrogations.

Le médicament excessif brouille jour avec nuit.

Laissez le Malin passer le seuil, vous le verrez bientôt
vous déloger.

Le Malin est de glace aux vérités, il est de feu pour le
mensonge.

Il est passé le temps de la démesure ; l'heure du choix
minuté n'est plus secondaire.

Il faut que mon ennemi soit bon pour qu'il me rende
meilleur.

Malade au regard d'aigle, tu repères les scellés, tu
réverbères les plaintes.

La cancérologie est au rendez-vous des Sans Destin
Fatidique.

Qui évangélise apprend de tout le monde.
Le péché galope à cheval, le repentir se traîne à pied.

Si l'on pouvait se voir avec les yeux du Malin, on
disparaîtrait sur le champ.

La vérité sans doute dans ce monde, la Vérité
nécessairement dans l'autre.

Une once de préciosité gâche un quintal de
compassion.

Profession de cancérologue : émissaire, éveilleur,
visionnaire.

Proscrit égaré de malade : pitié pour la meute de
douleurs.

Qui ne doute de rien ne croit en rien.

La feuille tombe à terre, ainsi tombe l'athéisme.

Qui hésite entre deux églises s'en revient sans avoir
prié.

Que de péchés pour un seul repentir.

Passer commande d'apaisement pour inventer de
nouveaux sillons.

Commandons la bienveillance aux quatre coins
du globe.

« C'est bon pour les chrétiens » dit l'athée en parlant de
la quiétude qu'il ne peut atteindre.

L'arbre de l'oisiveté produit la tiédeur.

L'action sans contemplation est un cheval aveugle.

Le patient élève son âme jusqu'au regard du soignant.

Tenir tête au labeur persévérant d'une tumeur.

Qui brûle de l'amour de Dieu réchauffe son prochain.

Le péché est abîme, le péché s'abîmera.

Si seulement on pouvait être tout à fait croyant ou tout
à fait incroyant.

L'avancée des ongles noircis rivalise d'insistance.

L'odeur excessive s'interprète comme vieillesse
prématurée.

La porte du paradis tourne sur un seul gonds.

Le Christ peine, l'homme se vante.

Malheur à qui a les yeux fixés sur lui-même.
Que peut faire la main de l'entraide si elle n'est
soutenue par le bras de l'amour .

Analyser l'aujourd'hui, c'est croire au lendemain qu'il
préfigure.

La porte distraite du printemps entrouvre quelques
promesses dessinées.

Le bonheur sait mélodier des amitiés qui arrivent au
solennel midi.

La foi donne plus de fruits quand on l'éprouve.

Qui se nourrit d'envie, la haine l'emporte.

La salle d'attente opte pour d'insolites couvre-chefs.

En salle d'attente, les fronts habités de crainte en
disent long sur la brièveté des échéances.

Mauvaise intention attire le tracas.

La peur est la tombe du chrétien.

L'envie détruit toutes les vertus.

Le Malin ne raconte pas de fable aux chrétiens
endormis.

L'orgueil est diabolique dans son principe et meurtrier
dans ses effets.

Le silence dévêtu d'une salle d'attente cogne aux
tempes perlées

L'attente en salle impose une inexactitude de cadence.

L'attente aspirante de la salle d'attente pactise avec
l'administration des choses.

Les plus belles missions comme les plus beaux arbres
grandissent toujours dans les endroits escarpés.

Si l'adversité arrive demain, prieras-tu dès aujourd'hui ?

Le mensonge est le premier attribut du Malin.

En déchirure du temps, les voyants d'un jour se
lamentent en salle d'attente.

Le Malin flatte le puissant et piétine le pauvre.

Malheur au disciple du Christ qui a les yeux fixés sur deux chemins.

La tombe est la seule forteresse aux assauts de la compassion.

Le Malin dépouille le monde de son manteau sacré.

Nos péchés nous désolent plus qu'ils ne nous inquiètent.

Pour l'homme haineux, même la tombe est hostile.

Le Malin abaisse les hommes jusqu'à s'en faire aimer.

Le Malin n'est pas une preuve de l'existence de Dieu.

Chapitre 9

Exercices

L'espace de manœuvre du patient est réduit face aux stratégies du médecin pour limiter le refus de soin.

Le prêtre ressemble au semeur qui ne fait pas de sieste.

Le prophétisme est une école d'imagination. Jamais artiste n'a interprété aussi librement qu'un prophète ce qu'il percevait.

Même si le chrétien ne louait pas, l'aurore viendrait.

Ne cède en rien aux débordements de la Frénétique vers ses hauts flux.

Le feu de l'évangélisation prend où on l'allume.

Si dure que soit la mission, on y trouve un chemin.

A mesure que tu grandis dans la foi, tu réduis le temps qui te sépare de la vision béatifique.

Eperonne les rires en flammes de la Tyranique.

La prise de sang reconquiert des regards qui vrillent.

Il n'y a pas de saint qui n'ait senti la force du doute.

A tes amis pardonne, à tes ennemis pardonne encore.

Où tend le cœur, la main se porte.

Dans la chambre-perfusion circule un pleur continu.

L'homme sans Eglise est un rossignol sans jardin.

Heureux chrétiens qui, le matin, au réveil, font de
l'exercice avec les psaumes de David.

Ne pratique pas dans deux Eglises.

Le chrétien n'exhale que ce qu'il contient.

La volonté précise enrubanne mon collier-souvenirs.

Le cri de ma jeunesse croise le fer avec une poly-
pathologie au désir de finitude.

Le passé pressé s 'oublie et oblige à le répéter.

Si tu sais annoncer la Parole de Dieu, que ne la médites-tu toi-même.

L'impact irradiant du taux de survie déchire l'opaque courbature des statistiques, en ma défaveur.

Tout désirer : tristesse ; tout accepter : louange.

Il n'y a nul si bel effort que l'entrée au confessionnal.

Telle prière, telle mission.

Celui qui ploie sous le fardeau n'en connaît pas seul le poids.

Ne te plains pas, on pourrait te croire.

Le mystique est celui qui conquiert aimablement sa raison et ses passions.

L'envie fait les grincheux, la louange les heureux.

Le souffle de l'Esprit-Saint dégage le chemin.

Le séminariste n'a jamais autant l'allure d'un homme que lorsqu'il revêt l'habit du prêtre.

De loin, la vie communautaire paraît lisse, de près, elle peut être rugueuse.

Relis tes prières avant que la lutte ne soit déclarée.

Dans le champ de la mission, mieux vaut labourer profond plutôt que large.

Avant de bâtir la maison de Dieu, creuse un puits de prières.

L'adversité fait le croyant.

Par quel délire des airs, pour quelle partance surgissent les souvenirs ?

La gestation des souvenirs porte attention au parfum des appels.

Celui qui marche à la suite du Christ n'a pas besoin de courir.

L'hypocrisie est un hommage que le Malin rend à Dieu.

La louange est sa propre récompense.

Nature morte. Rappels transmissible d'une vie entoilée.

La sainte colère a aussi ses limites.

Ne t'attriste de rien tant que tu peux encore prier.

Souvenir du défunt : présence invisible aux miroirs d'aubes reconquises.

Le souvenir laissera une heureuse et céleste buée.

Faut-il attendre que le soleil se couche pour bénir ta journée ?

L'Amour est de quelques jours plus vieux que le monde.

Qui demande la compassion rougit une fois, qui la refuse rougit deux fois.

Horizons de foi sont horizons de justice.

L'oubli frappera les inutiles moments.

Nos âmes en foulure nous laissent errer.

Vieillir, c'est repenser la foi de sa jeunesse au cours des ans.

Du même bois on fait l'arc et la croix.

Le cœur contemple ce que l'œil voit.

Loin de ceux qui restent, le souvenir harmonise encore.

Il y a longtemps que le rôle de chrétien est salvateur et risqué parmi les athées.

L'absent reste un souvenir, tournure d'une rencontre.

Ne fauche pas en herbe l'évangélisation qui aurait été riche en moissons.

Le rôle que Dieu me fait jouer, c'est bien, mais il y a des longueurs.

On n'apprend pas à mourir en étouffant sa foi.

Ne sois pas impatient des fruits de la prière ; prolonge l'infusion.

On choisit son Dieu plus souvent qu'on ne pense.

Rejetée de l'ici comme de l'ailleurs, l'obsession du souvenir importune son entourage.

La louange reproduit l'abandon à l'état pur.

L'évangélisation ne s'imite pas.

L'horizon temporel du malade avancé frappe ses inutiles monuments de souvenirs répétés.

Tout acte de foi oblige.

Après le malheur de fauter, en est-il un plus grand que celui de persévérer ?

Si un jour on m'eût dit…

Le péché retombe toujours dans la tristesse.

Il faut d'abord bien savoir son catéchisme avant de l'oublier.

La théologie d'un siècle, c'est l'évidence du suivant.

Conversion : temps où l'on retient surtout l'avenir.

La foi s'apparente au soleil, elle fait tout voir et ne se laisse pas regarder.

Le soir de la vie apporte avec soi l'Espérance.

Il ne suffit pas pour évangéliser d'évangéliser.

Aucun pont n'est jeté entre mes pathologies vibratoires.

Le Grand Paradigme attire la flamme aimantée de mes multiples néants.

Les mystiques disciplinent leurs passions en douceur.

Le ciel n'est pas en haut, il est en avant.

Il n'est pas difficile de louer le Seigneur quand la nuit est étoilée.
La mémoire endeuille le bourreau sans merci de mes illusions.

Le ciel d'un éternel septembre couvre les tours du vain souvenir.

La chamade du cœur s'arrête en profonde révérence aux souvenirs des chirurgiens.

Le saint, tant qu'il n'est pas mort, est toujours original.

Il ne suffit pas de figurer la charité, il faut la faire.

Si un jour on m'eût dit …

N'entre pas dans l'éternité à reculons.

Qui abandonne les siens, abandonne le Christ.

La compassion implique la revendication de l'instant
contre le temps, de la personne contre l'administration
des choses.

L'hésitation perd parfois ce que la décision aurait
gagné.

Chapitre 10

Malgré tout

Il est arrivé comme un héros cornélien, tenaillant un choix du même nom, un brutal qui impose de rester sur ses gardes.
Implacable secrétaire de ses méfaits, il en tient le greffe journalier.
Sa pensée tranchante cisaille la vie en deux, un avant, un après, en subtilisant l'avenir, en annonçant une mort sociale. Pas de lendemain.
Le braconnier aux pièges inattendus fait tomber la sentence.
Le féroce s'affranchit des statistiques, mais garde la violence sournoise des chiffres.
En briguant deux batailles sur trois, aura-t-il besoin de cinq hivers ?

Mieux vaut une goutte de prière qu'un océan de souhaits.

Les mystiques trempent leur plume dans un encrier de prière

Il n'y a pas de serrure dont le chrétien n'ait la clef.

On ne peut à la fois être abandonné à la Providence et le paraître.

L'omnipraticien présente son service comme un bouquet de prestations, ficelé d'un principe général d'écologie, garni d'une réflexion éthique générale.

Prier : se mettre à la recherche de son Dieu.

L'éternité appartient à ceux qui savent déplier le temps.

Sous les coups de la minuit, aucun pont n'est jeté sur mon isolement.

Croire, c'est dire non .

Le chrétien évangélise toujours en primitif, jamais en stratège.

Dans la pratique médicale, le respect que tout être humain un tant soit peu éduqué et poli doit à autrui, s'appelle le consentement.

Ce qu'il y a d'étonnant quand on désire l'adoration,
c'est qu'elle nourrit ce désir.

Aussi longtemps que je peux rependre le long syllabaire
des attentions providentielles, je reporte la sauvage
solitude.

La compassion s'exerce sans fierté, par conséquent
sans témoins.

La compassion ne souffre ni passé, ni avenir.

Le consentement, exposé aux vagues fluctuantes de la
volonté, et aux vents consuméristes d'un droit de la
santé, s'est peu à peu érigé en phare dogmatique sous
l'influence d'une autonomie en données corrigées de
variations saisonnières.

Faites passer le consentement de l'état de moyen à
l'état de fin en soi, quelle que soit la situation médicale,
c'est le dénaturer.

Une dérive juridique au chemin malheureusement déjà
tracé peut faire redouter une conception philosophique
anglo-saxonne du consentement.

La charité possède un étonnant privilège : elle n'effraie pas.

Pris dans la tenaille de la grisaille cancérigène, je vis dans une saison tout autre.

Dieu nous donne une vie et nous nous en fabriquons une autre.

Malgré toutes les tentations contraires, prie pour la conversion de ton ennemi.

La communion des saints rend-elle chacun responsable de tous ?

Parfois, on s'abstient de soigner des patients dont l'état de santé est potentiellement létal, parce que leurs fantasmes sont jugés légalement recevables, comparés aux connaissances professionnelles argumentées et validées des soignants.

Si quelqu'un doit tout à Dieu, c'est bien le prophète.

L'ostensoire vide à la recherche de son cœur.
Les pensées trop religieuses sont sujettes à devenir limitatives

Là, le clou-barbelé écarte de la course l'homme à la
jambe raide.

La foi est l'organe de la vision parfaite.

Le péché serait-il avant tout un manque de
raisonnement ?

Une recherche forcenée du consentement, appuyée sur
des fondements philosophiques anglo-saxons de
l'autonomie/négociation, développe une médecine
gangrénée de contentieux, proliférée de droit.

L'hostie est notre vraie nourriture ; la plus petite partie
nous fait encore vivre.

Dans l'endeuillement, le Ravi sanctionne l'écart, punit
l'incartade..

D'une relation d'autorité à une relation de négociation,
les champs de la santé et de la cancérologie se
déplacent, leur paradigme se transforme.

Un jour de folle intimité, dame Misère m'apprit ma mise à
l'écart désormais.

Grandeur des travaux en vue de la science médicale suprême : écart béant pour le malade, inévitable pour qui soigne.

Qui vit sans prière n'est pas si raisonnable qu'il croit.

Dieu veut faire de nous notre œuvre posthume.

La bonté divine reste un lieu sûr.

La tumeur livre mains nues, ongles noirs aux écarts inévitables ; ce sont mes bras, mes doigts partis sur la mer.

La foi désigne une intuition démesurée.

L'évangélisation, comme la prière, se nourrit des plus petites choses, tout lui convient.

De la plainte à la guérison entraîne le temps d'une négociation à pierre fendre.

Le fruit affirmé de la plainte alerte le médecin et ne le laisse pas partir.

De même que l'espérance, la charité a sa contagion.

L'évangélisation s'apparente à l'éducation, c'est toujours l'amour.

Signaux sournois aux écarts insolites, creusés à même la peau ridée dans le mauvais sens.

C'est un signe de tiédeur de louer toujours modérément.

La bonté, c'est la rencontre du vrai et de la fortune.

A chaque fois qu'on fait vraiment attention, on évangélise.

Le temps empierre la liberté du croyant.

Les grandes raies du matin se font jour.

Huis, la lutte fait rage en douloureuses mouvances.

Un orgueilleux n'a pas assez d'étoffe pour être vrai.

Comme le fleuve sans retour de source, filles, fils, gendres, dans le plein jour de leur rythme soutenu, interceptent les déclinaisons d'une filiation insolite.

La tiédeur est parfois le meilleur adversaire que nous
opposions à l'incrédulité.

Filles, fils, gendres, assimilent la superbe grandeur, et
sur mon profil lassé éparpillent les mots.

Ils font allumer les lampions du soir, avancer les lents
conseils aux quartiers de l'enthousiasme.

Ils font agiter la flûte des eaux et d'un geste lointain,
tendent l'au-revoir au goéland paresseux.

Un croyant qui se réclame de ses bonnes actions est
déjà condamné.

L'abandon présuppose un oubli total de soi au
bénéfice de la Providence.

Peintures authentiques enrêvent les Mains d'épouse.

Trop tard vient le jeudi où l'herbe pointe.

Que de choses il faut oublier pour pardonner.

Comment donner mauvaise conscience à sa tiédeur ?

Honneur martelé du fait qu'ils soient filles, fils, gendres,
inclinent le soleil de mon audience ravie.

Souvenir entier sans redevance, filles, fils, gendres
expérimentent le Chiffre-statistique gourd et têtu.

Tout arrive par l'amour de Dieu ; il génère les faits
qui lui servent d'enveloppe.

Prier, c'est se retrouver.

Qui évangélise est mauvais commerçant.

Il n'y a nul si bon et salutaire exercice que l'abandon.

Filles, en élan de leurs rêves,
Fils, aux promesses de bonheur,
gendres, aux barques amarrées,
me racontent l'étrange atterrissage des vies à tenir.
Viennent secourir la charpente trouée, l'albatros
éventré.
S'en retournent blessés d'un mal désir qu'ils ne peuvent
entendre.

Au contraire de la chaine verticale sans pudeur, M tient
bon.

L'homme se pare souvent d'attentions providentielles.

La foi, qu'on le sache, est un être vivant.

La faiblesse de la raison est de ne croire qu'en la raison.

Le mystère de la croix fait voir des évènements que l'histoire ne montre pas.

La théologie, comme discipline, crée des objets de foi.

Filles, fils, gendres, petits enfants, jeunesse au grand complet. Au balcon des anniversaires surprises, les plus extravagantes sarabandes, leurs dons de prestidigitateurs ont glissé un soir dans un champ d'éclairs. Epis et gerbes partagés, ils ont continué la route.
Tous les soleils étaient présents ; l'incandescent prenait corps.

Pendant la leçon de son père, Jésus palpe le bois en vue de la Croix et de la charpente rédemptrice.

L'évangélisation tient toujours de l'improvisation.

J'évangélise ma vallée en priant pour que, dans chaque
vallée, quelqu'un en fasse autant.

Rien n'empêche tant de s'abandonner que le désir de le
paraître.

Un acte de charité est un avantage préférable à toute
lettre de recommandation.

La mer encercle l'île solitaire ; le péché entoure et ravine
l'existence.

Les actes de foi suffisent largement à faire un monde.

Le saint est un pécheur pardonné.
Dieu crée la bonté, dans la bonté, par la bonté.

Filles, fils, gendres, moisson de la certitude, fierté
après labeur. Portent leur regard sur de nouvelles
endurances. Face à la douleur neuve, sans invite, les
voilà incarnant l'évidence de la voix prémonitoire. Puis
les trains partent, à l'horaire des cartes de l'espoir.
L'écart entre la Parole de Dieu et la vie quotidienne est
trop souvent décrété irréductible.

La prière est souvent un bon remède.

Se donner à Dieu quand tout le reste est assuré relève
de la frivolité.

Filles, gendres, fils, dénombrent pertes et dépouil-
lements. Fustigent la calme interrogation du fragile. Ne
savent qu'inventer pour parrainer les conjonctures
sombres et prévisions agoniques. La marée du regret
porte l'ombre et le poids gourd du père.

On naît grâce à Dieu, on meurt avec Dieu.

Donnée sismographique de la prière, la louange
enregistre les battements du Verbe.

Je marche pour le Seigneur ; le Seigneur y voit pour moi.

Nous n'irons pas seuls au but, mais ensemble.

Le signe de la Providence arrive une fois et sert mille
fois.

Toute confession propose un nouveau règne.

Dieu nous a donné une vie et nous nous en fabriquons
une autre.

Mon Dieu ! Souvent, l'acte de Foi déçoit.

Il ne faut pas toujours comprendre ce qu'on voit.

L'art de s'abandonner est l'art de se tromper.

L'apparence n'est rien; c'est au fond du cœur qu'est
l'amour.

Peu de théologie conduit à mépriser la connaissance ;
beaucoup mène à l'estimer.

Nos péchés sont répréhensibles en eux-mêmes, ainsi
que les efforts que nous déployons pour les dissimuler.

Développer l'art de la prière : piège de la coquetterie.

Les bonnes intentions sont en péril puisqu'il s'agit
toujours de les sauver.

On examine avec soins les objets des marchands, mais le
prochain, on le juge sur l'apparence.

Si la théologie apporte peu, elle nous épargne
beaucoup.

Homme au loin
Homme s'en va claudiquant, soufflant, tremblant
Mords –toi les lèvres pour ne pas pleurer
Homme farfelu de nuit
Vie prend congé

Par qui ne sonne? Qu'en sert la hort, le fait mûr ?

La compassion, ce n'est pas seulement une question de personnalité.

La théologie fait naître de véritables doutes.

Le premier pas vers la spiritualité, c'est le doute.

La théologie refuse de valider les droits de l'imagination.

La théologie peut se définir comme le passage de la passion à la raison.

La théologie veille sur l'intuition.

Mieux que la raison, la grâce nous inspire.

Filles, gendres, fils, voient la réverbérance cerner mes traits, angoissent mon joug dans la tracée, parviennent aux carrefours impossibles et questionnent le dilemme.

Evangéliser, c'est se mettre à la recherche de son Dieu.

On peut vivre avec l'espérance de parvenir à n'être qu'une prière.

La prière dépasse la main tendue.

Toute économie de prière a son prix, malheureusement.

La foi est un oiseau sauvage.

A l'unique courage qu'ils ont, filles, fils, gendres, prennent en compréhension mes jadis errants, mal inclinés, batailles faussées.

Le pas silencieux, imperceptible, de Marie à nos côtés.

Etudier la théologie, c'est se dire que rien ne va de soi.

L'eucharistie est le moment exaltant de la vie.

Substituer à la théologie l'utopie de la louange.

Dans ce monde athée, les paroles d'Evangile risquent de n'avoir qu'une valeur de fait divers.

On grandit chrétiennement au moment où l'on ne choisit plus son prochain, où l'on se contente de celui qu'on a sous la main.

La ferveur-inquiétude, sous le velours des voix amorties, épouse le visage des bien-aimés filles, gendres, fils.

Il n'y a de véritables progrès que dans la foi et le détachement.

La théologie toute entière repose sur une active association d'idées permise et pressentie par la Providence.

Appartenir à la modernité, est-ce vraiment se passer de religion.

Filles, gendres, fils : un havre, un foyer, un cœur.

Les actes de foi suffisent largement à faire un monde.

Il ne faut pas toujours comprendre ce qu'on voit.

Analyser ma prière, c'est lui porter atteinte, lui ôter la vie.

La pensée de la sainteté nous trompe en nous faisant oublier la distance qui nous en sépare.

L'incrédulité est le premier pas vers la théologie.

De doctrine certaine, y en a-t-il ? Peut-on trouver théorie sans incertitude ?

Vous pourrez inventer tout ce que vous voudrez, mais vous n'inventerez pas la venue du Messie sur terre.

Les commencements de la conversion semblent souvent plus beaux que les développements.

Les mots sont instruments de musique pour la prière.

La foi est comme le soleil, elle fait tout voir et ne se laisse pas regarder.

Comment donner mauvaise conscience à sa tiédeur ?

Le mystère de la croix fait voir des évènements que l'histoire ne montre pas.

Surgit du long corridor, porté par mes filles, gendres et fils, un coffret de renaissances où rit la rutilance. Par eux, je poursuis ma parole sagesse.

La foi, qu'on le sache, est un être vivant.

Le péché retombe toujours dans la tristesse.

La faiblesse de la raison est de ne croire qu'en la raison.

La théologie d'un siècle, c'est l'évidence du suivant.

Rien n'empêche tant de s'abandonner que le désir de le paraître.

Un acte de charité est un avantage préférable à toute lettre de recommandation.

Dieu nous a donné une vie et nous nous en fabriquons une autre.

L'apparence n'est rien ; c'est au fond du cœur qu'est l'amour.

Peu de théologie conduit à mépriser la connaissance ;
beaucoup mène à l'estimer.

Thibault, Zélie. Maintenant grand-père d'une paternité
maternelle, je suis que poète par intermittences.

Thibault, Zélie demeurent d'inattaquables paradis,
miroirs de jouvence, saisons des dieux, puits de
sollicitudes. Les horloges sifflent, les joues se gonflent.
Des souvenirs d'envol, des cris, des gestes, signes d'un
temps ouvert.

Nos péchés sont répréhensibles en eux-mêmes, ainsi
que les efforts que nous déployons pour les dissimuler.

Les bonnes intentions sont en péril puisqu'il s'agit
toujours de les sauver.

On examine avec soins les objets des marchands, mais le
prochain, on le juge sur l'apparence.

Douter des sens, c'est devenir théologien.

Etudier la théologie, c'est se dire que rien ne va de soi.

L'eucharistie est le moment exaltant de la vie.

Si la théologie apporte peu, elle nous épargne beaucoup.

La compassion, ce n'est pas seulement une question de personnalité.

Premier pas vers la spiritualité : le doute.

La théologie refuse de valider les droits de l'imagination.

La théologie peut se définir comme le passage de la passion à la raison.

La théologie veille sur l'intuition.

Toute théologie se réduit à démontrer laborieusement cela même que la parole de Dieu nous enseigne.

Substituer à la théologie l'utopie de la louange.

Vivre, vivre encore. Thibault, Zélie arpègent l'unicité de la promesse, la clameur.

La théologie fait naître de véritables doutes.

Il n'y a de véritables progrès que dans la foi et le
détachement.

A la ceinture de Thibault et de Zélie, toutes clés du
bonheur s'ajustent, clés tintillonnantes à leur taille
ferment à plusieurs tours leur intime bonheur. Mus par
leur scintillante envie de connaître, il jettent sur la table
le trousseau.

Toute théologie se réduit à démontrer laborieusement
cela même que la parole de Dieu nous enseigne.

La théologie tout entière repose sur une active
association d'idées permise et pressentie par la
Providence.

Dans ce monde athée, les paroles d'Evangile risquent
de n'avoir qu'une valeur de faits divers.

Appartenir à la modernité, est-ce vraiment se passer de
religion ?

L'incrédulité est le premier pas vers la théologie.

Les mots sont instruments musicaux pour la prière.

Analyser ma prière, c'est lui porter atteinte, lui ôter la vie.

Conte. Sur planète rieuse, Zélie et Thibault, dont les yeux n'avaient jamais perdu l'écho baladeur des fleurs et des flammes, lançaient parfois des cris comme des hérauts aux quatre vents. Tout vibrait, la princesse, le dauphin. Beaux oiseaux des plages-soleils, ils ne prenaient pas peur des vagues bougonnes.

De doctrine certaine, y en a-t-il ? Peut-on trouver théorie sans incertitude ?

Les commencements de la conversion semblent souvent plus beaux que les développements.

Chapitre 11

M la vie

En terrasse, comme premier sujet, à pleine joie, M peint une jeune hellène.

Devant des palais étonnés en ronde-bosse, Elle a poussée d'âme.

A heure libérée, la peinture institue l'épouse en modèle.

A la fois différentes et complémentaires, ses premières impressions prennent suite.

Sa main, alerte à l'huile, en arrêt de malheur, émousse les corniches du doute.

Son front plissé sur l'aplat, sans volume ni matière, traverse le casse-tête des proportions.

M, un lingot de cœur.

La perspective mouvante déroge au silence des côtés
du tableau.

L'inspiration la rend à Elle-même sur miroir camaïeu.

En bruissements des débuts, dans le traitement-
chassis, sans traverse, Elle se tend comme toile.

Je crains qu'en fidélité au vieillard déjà là, Elle ne ravage
son mental d'irréversibles surprises.

En clair-obscur, les orantes clameurs de son coeur font
appareiller vers une mer d'offrandes radicales.

Couleurs broyées dans l'eau, puis délayées,
détrempent son mental.

Malgré le volte-face des derniers mois,
A l'heure du travail rassuré,
Malgré la nuit, le ralenti,
Demain, M germera de certitudes.

Par éloignement du tableau, dans la nuitée que l'hiver
dernier décharne, Elle dimensionne les enjeux
nouveaux.

Affectée du non-dit, M embarque au premier rivage
d'hôpital.

Dans l'appartement, en réclusion, Elle tempère
l'impatience d'une servitude médicale.

Pour Elle, l'éternité est chose quotidienne.

Livrée à la non-mesure de l'évènement, M pétrit
compassion en froide saison.

M, en visage de femme, ordonne au vivre la déchirure
d'une inquiétude silencieuse.

Jadis, ses doigts de jeune pianiste couvraient de parfum
gestuel le jour qui fut lent à venir.

Au rythme premier de la vérité, au dièse sincère, à
l'authentique mélodie, un cœur gros comme çà.

Le foisonnement des vagues contrariantes témoigne de
son hospitalité aux caps des demandes.

Désormais,
à bras ouverts marouflés
à nombre d'or dilaté, Elle se dépossède.

La ferveur maryne tient sans peur le clapotis des
évènements présumés de surface.

Dans l'aujourd'hui flambant déjà le lointain, l'épouse
reforme le fronton de mes paternités.

En stries de patience, Elle sillonne la tendresse, répand
entente alentour, et liens multiples.

Depuis ce jour là, morsurée, l'épouse colle son oreille à
la mer des soucis.

Elle entend la perspective par effet de distance,
reformation progressive des formes et des couleurs.

Elle marche au centre de l'imprévu et recrée un monde
en perspective chrétienne.

Par passage du pinceau, traces épaisses du bien,
empatement du vrai, sont laissés.

Regard embusqué, enfance fixe sous verre, cœur au jus
philtré, Elle passera entre les lintaux de l'oubli.

Aux portes glacis, aux couches diluées de la présence,

Elle prend part intime aux visites passagères.

Avec poudre de marbre, vague à lames répété, repaillé, soigne plaies en talon, en partance.

M., l'épouse endormie ajourne le bonheur en chuchotant la maison heureuse.

Tendre épouse tenace à la grand' Mer blues qui précipite l'événement.

Fin mars 2017. Nuit du 29. En poinçon de feu, la douleur darde et crise. La douceur humanise l'homme marri, linéaire en fragilités, perclus des pieds. A l'heure où se ferme le coffret de l'épuisement, après vives douleurs, Bible est ouverte par l'épouse, en acte de confiance. Son regard s'arrête en pleine page des Actes des Apôtres, 14, 8-10 : « A Lystres, se tenait assis un homme perclus des pieds, impotent de naissance, il n'avait jamais marché. Il écouta Paul discourir. Celui-ci arrêtant sur lui son regard et voyant qu'il avait la foi pour être guéri, dit d'une voix forte : « Lève-toi, tiens-toi droit sur tes pieds ! » Il se dressa d'un bond : il marchait ». La Providence parle aux esprits qu'elle prépare.

Table des matières

www.ingramcontent.com/pod-product-compliance
Lightning Source LLC
LaVergne TN
LVHW042119190726
843493LV00006B/1526